U0603787

中华经典藏书

顾迁 译注

尚书

中华书局

图书在版编目（CIP）数据

尚书/顾迁译注. —北京:中华书局,2016.1(2023.6重印)
(中华经典藏书)
ISBN 978-7-101-11469-0

Ⅰ.尚… Ⅱ.顾… Ⅲ.①中国历史–商周时代②《尚书》–注
释③《尚书》–译文 Ⅳ.K221.04

中国版本图书馆 CIP 数据核字（2016）第 000165 号

书　　名　尚　书
译 注 者　顾　迁
丛 书 名　中华经典藏书
责任编辑　周　旻
责任印制　陈丽娜
出版发行　中华书局
　　　　　（北京市丰台区太平桥西里 38 号　100073）
　　　　　http://www.zhbc.com.cn
　　　　　E-mail:zhbc@zhbc.com.cn
印　　刷　三河市博文印刷有限公司
版　　次　2016 年 1 月第 1 版
　　　　　2023 年 6 月第 10 次印刷
规　　格　开本/880×1230 毫米　1/32
　　　　　印张 11¼　插页 2　字数 180 千字
印　　数　84001-92000 册
国际书号　ISBN 978-7-101-11469-0
定　　价　23.00 元

前　言

　　《尚书》是传统"五经"之一，记载了中国上古的历史，其中很多篇章保留了原始的政治公文面貌，可称信史。《尚书》源流非常悠久，传习过程历经劫难，其版本、文字、简编次序等不同程度上都发生过变化和错乱，成为唐以后学者素称难读的一部经典。下面简单谈谈阅读《尚书》过程中需要注意的几个问题。

一　《尚书》的传习及其辨伪

　　《说文解字》说："著于竹帛谓之书。"可见，原来的"书"只是简册的代称，可以泛指所有书籍，《尚书》应该在其中。《尚书》在先秦只称《书》，到西汉司马迁《史记·五帝本纪》中才称作《尚书》，所谓"《尚书》独载尧以来"。东汉马融解释说："上古有虞氏之书，故曰《尚书》。"按照这样的说法，"尚"就是"上"，《尚书》可理解为"上古的史书"。

　　有学者认为司马迁笔下的《书》和《尚书》有区别，前者多，是上古流传下来的各种《书》；后者少，经过了儒家学派孔子的删编，成为"独载尧以来"的《尚书》。这是很有道理的。相传先秦时记载上古历史的《书》有几千篇，孔子为了教学方便，就删成百篇之数。在《论语》中，我们可以看到孔子经常引述《书》的内容。我们必须清楚，经过孔子修订改造的《尚书》，很多地方明显带上了儒家思想的印记。

　　春秋战国时代，《尚书》还在儒家弟子及后学手上传习，尤其在儒学兴盛的齐鲁之地，仍然不绝如缕，只是可能已经有所散佚。到了秦朝，焚书坑儒的政治运动破坏了儒家经典的正常传习，"六艺"因此有所缺失，《尚书》更是遭到严重焚弃。当时有个讲《尚书》的老博士，叫伏生，他在大乱中将《尚书》藏在墙壁中，才保存下来。汉初，伏生只找回二十八篇，丢了很多。汉文帝昭告天下，广求能治《尚书》的人才，那时伏生已经九十多岁了，没有能力出门，文帝就派晁错去学。后来，又将伏生那二十八篇《尚书》用隶书录下来，这就成了孔子之后第一个有实际篇数和大体内容的《尚书》传本。因为用汉代通行文字书写，因此叫做《今文尚书》。

伏生系的《尚书》经数代传授，形成三个分支，所谓欧阳（高）、大夏侯（胜）、小夏侯（建）三家，宣帝时并列于官学，各成门户。三家之学一直盛行于两汉。可惜到了西晋永嘉之乱，王室败亡，图书遭到严重亡佚，三家《尚书》全部丧失掉了，民间也没有传习的，最终竟然失传。这就是伏生系的《今文尚书》的始末。

与"今文"相对，尚有"古文"。汉武帝末年，鲁共王为了扩大宫室，拆除孔子住宅，没想到在宅壁中发现了一部《尚书》，因为是用秦汉以前的古文字书写的，所以称为《古文尚书》。这部《尚书》被孔子第十一世孙汉博士孔安国得到了，他将古文字改写成汉代通行的隶书，所以被称作"隶古定"本。孔本与伏生本之差异就是后世盛称的《尚书》今古文之分的起因。蒋善国先生《尚书综述》说："今文名称大约在魏晋以后才出现。起先伏生《尚书》径称为《尚书》。实际上两者主体部分还是相同的。由于没有立官，《古文尚书》只能习于民间，影响较小。两个都是今文，区别在于一个是秦朝传下来的今文，一个是汉代由古文改过来的今文。司马迁曾从孔安国学习过《古文尚书》，他在《史记》中关于《尚书》的记载是今古文并用。"这可以帮助我们正确理解两个本子的性质。孔本《古文尚书》实际上比伏生系《今文尚书》多出十六篇，孔安国没有解说，东汉时马融、郑玄也只是注释与今文本相应的二十多篇，其余各篇没有解说，便亡佚了。马融、郑玄系的《古文尚书》在东汉和南北朝一直有人传习。到了唐代，官修《五经正义》指定要用东晋晚出的另一部《古文尚书》，孔颖达完成的《尚书正义》成为国家考试的教材，马、郑本因此遭到冷落，最后竟然也失传了。以上就是孔安国系《古文尚书》的始末。

现在需要谈到孔颖达《尚书正义》的底本，也就是刚提到的所谓"东晋晚出的另一部《古文尚书》"的情况。东晋元帝（317—322）时，豫章内史梅赜向元帝献上了一部《孔传古文尚书》（"传"就是注解），说是魏末晋初的学者郑冲传下来的。这部《古文尚书》号称就是当年孔安国得自孔壁后加以整理注解的那个本子。这部书经文共计五十八篇，其中三十四篇的名称和当时流行的郑玄注本相同，除了《舜典》以外，其他都有注释，书前还有一篇孔安国的《序》，说明他得书和作传的情况。这篇序收在梁萧统所编《昭明文选》中。梅赜献的这部"古文"，在梁朝开始流行起来，北朝大儒刘炫、刘焯为之作了详备的《义疏》，其后，陆德明作《经典释文》，《尚书》也是以此书为底本。唐太宗初年，命大儒颜师古校正五经文字，《尚书》依的也是这个本子。稍后，孔颖达作《五经正义》，又以此书为工作底本，采集二刘的义疏加以发挥，终于成了终唐之世无异辞的定本。从此，梅赜所献的《古文尚书》树立了正统地位，压倒了郑玄的《古文尚书》注本，成为《尚书》的唯一传本。玄宗时，又命卫包将这部《古文尚书》中很多古字体改成楷书，在开成二年（837）刻石，即"唐石经"，也叫"开成石经"，成为后代一切版刻的祖先。

梅赜献上的这部《古文尚书》可以说是一路顺利地获得正统地位，一直得到国家的支持，成为科举功名的标准本。但到了宋代，就有不少学者陆续开始怀疑这部书的真实性。先是南北宋之交的吴棫作了一部《书裨传》（全书已失传，被明代梅鷟《尚书考异》引述），其中指出梅赜所献五十八篇中原有的和增多的篇章在文体和语言上有差别，不都是诘屈聱牙，甚至有文从字顺的，实在与《尚书》之"古"不相称。这个见解是十分敏锐的。稍后朱熹深化了吴棫开创的文体比较的方法，直接说"疑孔安国《书》是假书"，并进一步怀疑孔安国的《古文尚书序》，认为不像汉人的文风，而是魏晋间人所作。朱子的弟子蔡沈作了一部《书集传》，在体例上区分了今古文，完全是继承了老师的看法。

元明两代，是《古文尚书》辨伪工作深入的阶段。元人赵孟頫、吴澄已经明确严格区分今、古文，吴澄的《书纂言》甚至摒弃了《古文尚书》后出的篇章，只解释其中今文二十八篇。明人梅鷟针对晚出的篇章进行深入研究，他认定东晋晚出《古文尚书》是皇甫谧杂取先秦文献《论语》、《孟子》等词句拼凑起来的。梅氏所撰《尚书谱》、《尚书考异》具有很强的科学性和说服力，为后来清代学者更加细密的辨伪开了风气。

清初以降，考据学风渐渐盛行，学者心细如发，往往有见微知著的眼光。康熙时阎若璩撰《古文尚书疏证》八卷，详列一百多条证据，详实确凿地揭发了晚出《古文尚书》的真实面貌。其后，吴派经学家惠栋撰《古文尚书考》，继续针对晚出古文加以辨析。至此，东晋晚出《古文尚书》的疑案基本定谳了。此前，虽有毛奇龄针锋相对的《古文尚书冤词》为其辩诬，也并不能改变《古文尚书》是伪书的事实。其后，还有不少学者就这个问题进行辨析，大多只是延续阎、惠的考证方法更加细致具体而已。

但晚出《古文尚书》及孔安国《传》并非一无是处，黄季刚先生曾说："伪《古文尚书》，一文字古，二文采高，三取材广博，四训诂不谬，故在今日言之，仍可作'准康成'观也。"又说："用孔《传》讲《尚书》，于文理终不谬。若用孙星衍之说，往往文理不通。"（《量守庐论学札记》）足以启发我们正确对待《古文尚书》。

二 《尚书》的篇目和内容

如前所述，《尚书》本子问题复杂，其间篇章分合更是难考，所以这里我们不涉及今古文《尚书》篇章异同分合的考证，只据阮元编刻的《十三经注疏》中孔颖达的《尚书正义》，将五十八篇篇目抄录如下，属于晚出古文的，标"伪"字以示区别。

尧典 舜典 大禹谟（伪）皋陶谟 益稷 禹贡 甘誓 五子之歌（伪）胤征（伪）汤誓 仲虺之诰（伪）汤诰（伪）咸有一德（伪）伊训（伪）太甲（三篇，伪）盘庚（三篇）说命（三篇，伪）高宗肜日 西伯戡黎 微子 太誓（三篇，伪）牧誓 武成（伪）洪范 旅獒（伪）金縢 大诰 微子之命（伪）康诰 酒诰 梓材 召诰 洛诰 多士 无逸 君奭 多方 立政 周官（伪）君陈（伪）顾命 康王之诰 毕命（伪）君牙（伪）冏命（伪）蔡仲之命（伪）费誓 吕刑 文侯之命 秦誓

根据篇名及内容，我们可以将以上五十八篇基本分作六大类，即孔安国《尚书序》所谓"典、谟、训、诰、誓、命"。从这些名词可以看出，《尚书》的内容大多是历代君王言论和行动的记载，如《尧典》记载的就是帝尧的事迹；《皋陶谟》记载了宫廷上君臣的谋划和议论；《伊训》讲的是商代老臣伊尹劝诫商王太甲要以史为鉴，加强德政；《康诰》、《酒诰》、《梓材》是周王朝册封文王之子康叔的告谕，记载了周公对康叔的督导训诫；《甘誓》、《牧誓》等则是作战前的誓师之词；《文侯之命》是君王任命官员、侯伯的册命之词。

如果我们从其他角度来审视，会发现《尚书》是中国古代

思想文化的宝库。《尧典》中记载的观象授时、四仲中星等可以说是世界上最早期的天文学记载，其真实性得到现代天文学家的广泛肯定。《禹贡》一篇，乃鸿篇巨制，对我国的区域地理根据物产、土壤等作了详细划分，引起后世自然科学家的广泛探讨。《吕刑》篇主张不滥用刑罚、注意德教的"祥刑"思想深深启发影响着后代封建社会的统治者。《洛诰》等篇记载周初营建洛邑之事，反映了当时的社会、政治情况，得到了出土文物的印证。《洪范》一篇"统治大法"，详列"九畴"，备言天道人事，对后世君主影响深远。因为《尚书》每篇并非成于一时，其中文句有着语法、词汇、方言的差异，又是现代语言学家们研究上古汉语演变的重要资料。如此等等，都说明《尚书》是具有着巨大历史文化价值的古代文献。

《尚书》内容，具体可参阅本书每篇译注前的题解，这里不再多说。

三　阅读《尚书》的基本参考书籍

除了孔颖达的《尚书正义》外，阅读《尚书》还有很多值得参考的注解书。按时代和学术方法来说，我们可以分作汉学派和宋学派两种风格，当然也有兼容二者的。随着现代甲骨学、金文研究的兴起，《尚书》学又有了新起点，产生了很多新成果。我们选择一些有代表性的《尚书》学著作简单介绍如下。

孔颖达的《尚书正义》以北朝二刘的《义疏》为底本，搜罗古义丰富，可以作为唐代《尚书》学的集成之作。陆德明《尚书释文》专释字音字义，也很周详精审。以上两种都可以说是汉学考据的路数。宋代蔡沈的《书集传》是宋代《尚书》学的集成之作，简明扼要，其实是采集了苏轼、吕祖谦、朱熹等多家成果而加以融会贯通，其解释方法体现了宋学高明而精微的特征，是一部极为重要的参考书。

清代学者受两汉经学影响较大，偏重考据字义、搜罗汉代经师的逸说加以阐发，对单词片字的解释往往精确绝伦，这方面有江声《尚书集注音疏》、王鸣盛《尚书后案》、段玉裁《古文尚书撰异》、王引之《经义述闻》（《尚书》部分）等。若论较详备的，则推孙星衍的《尚书今古文注疏》和皮锡瑞的《今文尚书考证》，前者于汉师逸说无不搜罗详尽，考证完备；后者引用大量汉碑，校理文字，颇值翻阅参考。王先谦的《尚书孔传参正》依据孔《传》本，参核他书，分别真伪，考证清晰，有助于深化对今古文的理解。其他有专释单篇的，如胡渭《禹贡锥指》，集《尚书》地理研究的大成，不可不加以涉猎。还有从古文字学角度入手的，如孙诒让《尚书骈枝》运用甲骨文释读《尚书》，新见迭出，极具启发。

　　现代学者在研究方法上更是取得了突破，王国维运用金文、甲骨治《尚书》，更辅以史学眼光，所释往往出人意表，他的《观堂集林》和《观堂学书记》成就极大。后来于省吾《双剑誃尚书新证》、杨树达《积微居读书记》、杨筠如《尚书覈诂》等都是沿着观堂先生的方法而继续开拓的，取得了极大的成绩。于省吾先生的很多校释往往一反旧说，而且能获得正确、近情的理解，后人多以为不刊之论。通释全书的，尚有曾运乾《尚书正读》，严审词气，能得文理。

　　近年来，出现不少注释和翻译《尚书》的著作，如周秉钧《尚书易解》、《白话尚书》，王世舜《尚书译注》，江灏、钱宗武《今古文尚书全译》，李民、王健《尚书译注》等，各有各的特色。2005年中华书局出版了顾颉刚、刘起釪《尚书校释译论》，体例极具特色，以唐石经为底本，详备梳理、引用清以前旧说，广泛吸收各个学术领域有关《尚书》内容的成果，运用古史层累演进的观点对《今文尚书》二十八篇作了精审的校释和翻译，代表了目前通释《尚书》的最新、最完备的成果。

如果要了解《尚书》学的历史，蒋善国《尚书综述》、刘起釪《尚书学史》是最好的参考书。

四 对本书的几点说明

秦汉经师所传授的《今文尚书》二十八篇是公认的先秦古书，具有极高的史料价值。本书即以二十八篇作为注译的对象，于晚出伪古文不予列入。《尚书》的正文依照顾颉刚、刘起釪《尚书校释译论》，标点则由笔者重新施加，所以个别句读会有区别。本书二十八篇依东汉马融、郑玄的理解，分成虞夏书、商书、周书三大部分，以利于读者分类检阅。每一篇下首先列有介绍性质的解题，次原文，原文又分作数个自然段，注释和今译缀于每段之末。本书对字词的注释力求简明准确，在此基础上，译文采用直译，部分稍侧重于意译，力求读来不拗口，对话也尽量保持口语的味道。

注释方面，除了参考传统经师的训释，本书于顾颉刚、刘起釪《尚书校释译论》受益最多，其中最新的考释成果，基本都采集到了本书当中。李民、王健《尚书译注》简明扼要，平实准确，对本书的注释启发良多。上述二书作者皆承顾颉刚先生之学，代表了《尚书》研究的高峰，在此致以深深的谢意。此外，周秉钧、王世舜、陈成国、钱宗武诸先生的《尚书》译注著作也都一一披览采择，在此一并致谢。

由于时间仓促，本书不免存在着这样那样的缺点，也恳请广大读者批评指正。

顾　迁

2015 年 12 月

目　录

虞夏书

尧 典

秦朝焚书，《诗》、《书》因为博士所掌，仍能传习，未遭完全灭绝。《尚书》由博士伏生（伏胜）传下，到汉代，分为欧阳和大、小夏侯氏三家，都立为学官，称为《今文尚书》，共二十八篇。此《尧典》即为其中第一篇。其间，又发现《太誓》一篇，号为二十九篇。先秦另有《舜典》一篇，散佚未能传下。西汉中期孔子十一世孙孔安国任汉武帝的博士，应诏献上家传用先秦古籀文字书写的《古文尚书》，发现多出"逸《书》"十余篇，西汉刘歆崇信其学，东汉马融、贾逵、郑玄等也传古文之学。至东晋出现了伪《古文尚书》，将《尧典》的后半部分从"慎徽五典"句以下割裂出来，又增加二十八字作为篇首来冒充《舜典》。唐代孔颖达作《五经正义》，《尚书》即用伪古文本，流传至今。今仍从古说将其恢复，归到《尧典》一篇。

先秦《左传》、《国语》、《孟子》、《荀子》等文献称引《尧典》文句达十余次，可见其古老。从内容上看，可以感觉《尧典》的作者接触了大量原始的神话传说和科学资料，经加工后作了理性的叙述，仍然具有宝贵的史料价值，如其中对观象授时等天文活动的记述，为后世中外天文学家所广泛讨论。另一方面，某些生吞活剥的记载也造成了一些理解上的矛盾。先秦旧籍一般都经过了汉人的传习和整理，《尚书》也是如此，《尧典》一篇也有秦汉人的事实掺杂其中，一般认为其主体成于春秋孔子的时代，是没有问题的。

《论语·述而》说："子所雅言，《诗》、《书》执礼。"《尚书》中文句间亦流露出儒家的精神思想也是值得注意的。

曰若稽古帝尧①，曰放勋②，钦、明、文、思、安安③。允恭克让④。光被四表⑤，格于上下⑥。克明俊德⑦，以亲九族⑧；九族既睦⑨，平章百姓⑩；百姓昭明，协和万邦⑪；黎民于变时雍⑫。

【注释】

①曰若稽古：史臣追记古事的开头用语。曰若，句首发语词，无意义。经传、金文或作"粤若"、"越若"、"雩若"，皆同音假借。稽，察考。尧：相传为原始社会后期的一个部落首领，在后代儒家文献中逐渐被神话为德业最高的圣王。

②放（fǎng）勋：尧的名号。

③钦、明、文、思、安安：对尧各种美德、风度的赞美。蔡沈《书集传》云："钦，恭敬也；明，通明也；敬体而明用也。文，文章也；思，意思也；文著见而思深远也。"安安，今文作"晏晏"，宽容、温和的样子。

④允恭克让：确实恭谨，善能推让。孔《疏》云："持身能恭，与人能让，自己及物，故先恭后让。"

⑤光被（pī）四表：指尧的名声充塞、覆盖于四方之外极远之处。光，今文作"横"、"广"，充满。被，覆盖。

⑥格于上下：充溢天地。格，至。

⑦克明俊德：指尧能发扬昭明其大德。俊，许慎《说文》云"才千人也"，此处引申为大。

⑧九族：许多氏族。九，虚数，约举其多。

⑨既：已。

⑩平章百姓：辨别、彰明各个氏族的首领。平，今文作"便"，经传通借作"辨"、"辩"，音义皆同。章，显示，表明。百姓，这里指百官。

⑪协和万邦：团结联络好各个部落。

⑫黎民：犹言"苍生"，庶民、老百姓之谓。这里指当时的氏族成员。于：助词，无义。变：通"弁"，喜悦快乐。时雍：是以风俗大和。时，通"是"，金文"时"皆作"是"。

【译文】

查得古时候有个帝尧，名叫放勋，他恭敬庄严，通明事理，而且风度文雅，思虑深远，给人以宽厚博大的感觉。律己严谨、勤于工作，又能举贤让能、重用人才。他的道德名望充溢于四海之外，以至于天地上下。尧发扬着他的大德，以身作则，使各个氏族和睦相处；各族和睦了，又辨明彰显朝中百官，协调处理他们的职守；百官和谐了，进而团结联络其他各个部落；天下老百姓都和乐亲善，风俗因此也很淳美。

乃命羲和①，钦若昊天历象②——日月星辰③，敬授民时④。

【注释】

①命：任命。羲和：原是神话中太阳女神的名字。这

里指主管天文历象的官员羲氏、和氏。

②钦若昊（hào）天历象：恭敬地按照天空中日月星辰的运转现象去认识它。钦，敬。若，顺。昊天，广大的天空。历象，日月星辰等天体运转的现象。

③辰：这里指据以分辨季节的标准星相，即下文的四中星。

④敬授民时：把观测日月星辰所总结出的天象节令知识告诉老百姓，以利于农耕。

【译文】

于是任命羲氏、和氏恭敬地按照日月星辰的运转来认识天象，把观测、总结出的节令知识告诉人民，以安排农时，方便耕作。

分命羲仲宅嵎夷曰旸谷①，寅宾出日②，平秩东作③。日中、星鸟④，以殷仲春⑤。厥民析，鸟兽孳尾⑥。

【注释】

①嵎（yú）夷：古有"九夷"，地在渤海东岸。这里指东方极远之地。旸（yáng）谷：神话中日出之处。

②寅：敬。宾出日：殷商有"宾日"祭礼，见于甲骨文，"出日"、"入日"也有专门之祭。此处可理解为"迎接"。

③平秩：使有程序。东作：春天的农事活动。本篇以东、南、西、北配春、夏、秋、冬。见下文。

④日中：白昼长度适中，白天和夜晚一样长。这里指春分时节。星：中星，傍晚在南方天空正中的星。这里所举鸟、火、虚、昴四星分别是古代春分、夏至、秋分、冬至的标准星。鸟：古代对一恒星的命名，现代天文学家定为长蛇座 α。

⑤殷仲春：定春分节令。殷，端正，使……正。仲春，春分所在之月，指二月。按，以孟、仲、季称春夏秋冬四季的三个月，分别对应正月、二月、三月。

⑥厥民析，鸟兽孳（zī）尾：此处文义难解，学者推断，《尧典》作者误解、改造古代四方神名、风名原始神话资料，造为此文，以致意义荒诞。甲骨文有"东方曰析"、"凤曰劦"之辞，"析"为东方之神名，"凤"即"风"，而《尧典》作者无法理解，遂曲折改字，以下三处亦然。详参胡厚宣《甲骨文四方风名考证》及顾颉刚、刘起釪《尚书校释译论·尧典》，此不赘述。但沿误已久，姑就原文释之，下同。厥，其。析，分散。孳尾，泛指鸟兽繁殖。孳，指哺乳动物的生殖。尾，指虫鸟之类的生殖。

【译文】

　　分别任命羲仲在遥远的东方日出之处叫旸谷的地方，主持对日出的宾礼祭祀，并引导春天的农作活动按程序进行。白昼和黑夜一样长的日子，傍晚在南方天空正中看到鸟星，可凭以确定是春分节令了。这时气候温和，人们分散在田野里劳作，鸟兽也在繁殖。

申命羲叔宅南交^①，平秩南为^②，敬致^③。日永、星火^④，以正仲夏。厥民因^⑤，鸟兽希革^⑥。

【注释】

① 申：又，再。南交：指南方极远之地。此下至"平秩南为"间文例与上文异，当有脱文。下冬季亦然。

② 南为：亦指农事活动。甲骨文、今文的"为"字是以手牵象使供劳作之形，乃其本义。

③ 敬致：二字似为脱落之残文，当在上"平秩南为"之前，指对日的祭祀、崇敬。下译文即如此序，以顺文例。

④ 日永：白昼最长的日子，指夏至。永，长也。火：古代对一恒星的命名，与"鸟"多见于卜辞。古籍称"大火"、"心宿二"，现代天文学家定为天蝎座 α。

⑤ 因：老弱因丁壮在田而纷纷出门相助。

⑥ 希革：毛羽稀少。

【译文】

又任命羲叔在遥远的南方南交之地，主持对日的敬致之礼，然后引导夏天农作活动按程序进行。白昼最长的日子，傍晚在南方天空正中看到大火星，可凭以确定是夏至节令了。这时气候炎热，农事繁忙，人们无论老幼都出来帮丁壮干活，鸟兽毛羽渐稀，以避炎热。

分命和仲宅西曰昧谷^①，寅饯纳日^②，平秩西成^③。宵中、星虚^④，以殷仲秋。厥民夷^⑤，鸟兽毛毨^⑥。

【注释】

①西：本篇所说东、南、北三方"宅"下都是两字，此处独一"西"字，显有脱漏。《史记》补作"西土"，亦以意为之。可理解为西方极远之地。昧谷：神话中日落之处。伪孔《传》云："昧，冥也。日入于谷而天下冥，故曰昧谷。"

②饯纳日：商代有"入日"祭礼，今文"纳"即作"入"。饯，送。

③西成：农事活动，因秋天庄稼丰收，故用"成"。

④宵中：夜间的长度适中，即夜晚和白天一样长。这里指秋分。虚：恒星名。居二十八宿"北方玄武"斗、牛、女、虚、危、室、壁七宿中间。现代天文学家定为宝瓶宫 β。

⑤夷：平静。

⑥毛毨（xiǎn）：毛羽重生，齐整美丽的样子。

【译文】

又分别任命和仲在遥远的西方日落之处叫昧谷的地方，主持对落日的礼祭，然后引导秋收活动按程序进行。黑夜和白昼一样长的日子，傍晚在南方天空正中看到虚星，可凭以确定是秋分节令了。这时气候转凉，农作告成，人们渐渐平静下来，鸟兽开始长出齐整的羽毛。

申命和叔宅朔方曰幽都①，平在朔易②。日短、星昴③，以正仲冬。厥民隩④，鸟兽氄毛⑤。

【注释】

①朔方：指北方最远之地。幽都：即下文之"幽洲"，神话传说中北方山名。这里指极北之地。

②在：似当作"秩"，才和上面文例一致，盖音近而讹。朔易：即北易，与上文"东作"等一样，皆指农事活动。

③日短：白昼最短的时候，指冬至。昴（mǎo）：一簇恒星的名称，也称髦头（旄头）。昴居二十八宿"西方白虎"奎、娄、胃、昴、毕、觜、参七宿的中间。现代天文学家称为昴星团。

④隩：当作"奥"，室内。此段玉裁《古文尚书撰异》之说，可从。

⑤氄（rǒng）毛：生出细密的毛。

【译文】

又任命和叔居极远的北方幽都，引导冬天的农作活动按程序进行。白昼最短的日子，傍晚在南方天空正中看到昴星团，可凭以确定是冬至节令了。这时气候寒冷，人们都回到屋里，鸟兽也生出细软密集的毛给自己保温了。

帝曰："咨汝羲暨和①，期三百有六旬有六日②，以闰月定四时成岁③。"

【注释】

①咨：告，命令。本书"咨某某"之"咨"多作"告"解。暨：与。

②期（jī）三百有六旬有六日：一年三百六十六日。这是古代较早知道的一年的日数，是根据太阳的回归年这一运动来认识的，是一种阳历年。

③以闰月定四时成岁：由于月亮绕地球和地球绕太阳两个周期不一样，阴历十二个月要比阳历一年少十一天多，必须过几年设一闰月才能使二者相合。天文学家称为"置闰"。这是一种阴阳历并用的历法。刘起釪认为此阴阳历与上面"期三百有六旬有六日"的纯阳历日数相矛盾，是《尧典》作者将不同时代的材料杂凑所导致的。

【译文】

帝尧说："告诉你们，羲氏与和氏，一年有三百六十六日，你们用设置闰月的方法调整好四季以制定每个年岁吧。"

允厘百工①，庶绩咸熙②。帝曰："畴咨若时登庸③？"放齐曰④："胤子朱启明⑤。"帝曰："吁⑥！嚚讼可乎⑦？"帝曰："畴咨若予采⑧？"驩兜曰⑨："都⑩！共工方鸠僝功⑪。"帝曰："吁！静言庸违⑫，象恭滔天⑬。"

【注释】

①允厘百工：切实地整顿百官。允，信，确实。厘，治，整饬。百工，百官。

②庶绩咸熙：政事都办理得很好。庶，众。绩，功，

指政事。咸，都。熙，兴盛。

③畴咨若时登庸：谁能做到像"庶绩咸熙"这样的就提拔任用他。畴，谁。咨，可，能。段玉裁《古文尚书撰异》以"咨"字当在"畴"上，作"咨！畴。"则"咨"为无意义的助词。可备一说。下"畴咨若予采"同。若时，犹云"如是"、"如此"。登，升，进。庸，用。

④放（fǎng）齐：人名。尧的大臣。

⑤胤子：嗣子。朱：原是神话人物。这里作为尧的儿子，名丹朱。清人邹汉勋《读书偶识》谓"驩兜"、"丹朱"等皆古字通用，是也。但在《尧典》中，很多神话人名都被作者改造加工过，并赋予了不同身份，所以只能照篇中所指一一释之。启明：开通，明达。

⑥吁（xū）：叹辞。表否决。

⑦嚚（yín）讼：愚顽丧德并且心地凶狠。讼，通"凶"，此孙星衍《尚书今古文注疏》之说。

⑧畴咨若予采：谁能如我职事的要求，即谁能胜任我的官位。若，如。予，我的。采，事。这里指官职。

⑨驩（huān）兜：原是神话中人物。这里作为尧的一个臣子的名字。

⑩都（dū）：叹美之辞。

⑪共工：原是神话传说的人物。这里作为尧的臣名。方鸠僝（zhuàn）功：广聚众力展现事功。方，通"旁"，大，广。鸠，聚集。僝，显现。

⑫静言庸违：善为巧言而行事邪僻。静，今文作"靖"，小人巧言。庸，用。违，今文作"回"，邪僻。

⑬象恭滔天：表面上恭敬却不信天命。象，似。滔，孙诒让《尚书骈枝》说通"谄"、"慆"，慢，引申为不敬，可从。

【译文】

帝尧切实地整饬百官，政事也都处理得很好。他说："谁能做到这样政事兴盛的，就提拔任用他。"大臣放齐说："您的嗣子丹朱开通明达，可以任用。"帝尧说："唉！他缺乏德行，又心地凶狠，怎么能行！"帝尧又问："谁可以担任我的职位呢？"大臣驩兜说："噢！共工吧，他能聚集众力成就事功。"帝尧说："唉！他就会讲好话，行为却很怪诞，表面上恭恭敬敬的，其实很轻慢，根本就不信天命。"

帝曰："咨①！四岳②。汤汤洪水方割③，荡荡怀山襄陵④，浩浩滔天⑤，下民其咨⑥，有能俾乂⑦？"佥曰⑧："於⑨！鲧哉⑩。"帝曰："吁！咈哉⑪，方命圮族⑫。"岳曰："异哉⑬！试可乃已⑭。"帝曰："往，钦哉⑮！"九载，绩用弗成⑯。

【注释】

①咨：叹词。
②四岳：原是古代的一座丛山。这里作为官名或者臣名。
③汤汤（shāng）：波涛汹涌的样子。洪水：大水。方割：大的灾害。方，通"旁"，大。割，通"害"，

祸害。

④荡荡：犹云"浩浩"，形容水奔突动荡的样子。怀：
包围。襄陵：淹没了丘陵。襄，凌驾。这里指淹没。

⑤浩浩滔天：大得好像要漫过天。

⑥咨：忧愁。

⑦有能俾乂（bǐyì）：谁能治理。俾，使。乂，治理。

⑧佥（qiān）：皆，都。

⑨於（wū）：叹词。

⑩鲧（gǔn）：神话人物。这里作为尧大臣的名字。

⑪咈（fú）：违逆，乖戾。

⑫方：违背，违逆。圮（pǐ）：毁。

⑬异：吴汝纶《尚书故》云："通'已'，叹词。"可从。

⑭已：俞樾《群经平议》云："'已'、'以'通用。
'以'，用也。"可从。

⑮钦：敬。

⑯绩：功。

【译文】

帝尧说："唉！四岳啊，汹涌的洪水造成了巨大的灾
害，浩浩荡荡地包围了高山，淹没了丘陵，简直都要漫过
天了，下面的百姓忧困不堪，谁能使洪水得到治理？"四
岳与群臣都说："啊！鲧呀。"帝尧说："唉！这个人脾气忿
戾，常逆天行事，伤害自己的同族。"四岳说："唉！先试
试看吧，行的话就让他干。"帝尧说："那就去吧！让他谨
于职守！"可是鲧治了九年，也没收到成效。

帝曰："咨！四岳。朕在位七十载①，汝能庸命巽朕位②。"岳曰："否德③，忝帝位④。"曰："明明扬侧陋⑤。"师锡帝曰⑥："有鳏在下⑦，曰虞舜⑧。"帝曰："俞⑨！予闻⑩，如何？"岳曰："瞽子⑪，父顽母嚚⑫，象傲⑬；克谐以孝⑭，烝烝乂⑮，不格奸⑯。"帝曰："我其试哉⑰！"

【注释】

①朕：古人自称，我。

②庸命：即"用命"，遵用、贯彻命令。巽（xùn）：履行，登陟。

③否（pǐ）：小，陋。

④忝：辱。

⑤明明：尊扬、彰显贤明之人。前一"明"字是动词，后者用作名词。扬：举。侧陋：埋没民间、没有名气的贤人。

⑥师锡帝曰：众人都对尧说。师，众。锡，甲骨文、金文作"易"，同"赐"，古代上对下、下对上都可称"赐"。

⑦鳏（guān）：老而无妻。

⑧虞舜：舜最初是以殷商族远祖的身份出现在传说和文献中，后来又作为黄河下游东夷部落首领的名称。孔颖达《尚书正义》说："舜居虞地，以虞为氏。"今河南东部有虞城。

⑨俞：语气词，相当于"然"，噢，好吧。

⑩予闻：我听说过。

⑪瞽（gǔ）子：瞎子的儿子。

⑫父顽母嚚（yín）：《左传·僖公二十四年》曰："心不则德义之经为顽，口不道忠信之言为嚚。"这里顽、嚚二字互文义通，即愚顽凶狠，不顾忠信、德义之谓。《史记》载"舜母死，瞽叟更娶妻而生象"，知此"母"乃舜的继母。

⑬象：舜的异母弟。皮锡瑞《今文尚书考证》据文例以为"象"当作"弟"，可从。傲：傲慢。

⑭克谐以孝：能以孝顺和谐家庭。

⑮烝烝乂：治理得很好的样子。

⑯格：至。

⑰其：将。

【译文】

帝尧说："唉！四岳，我在位七十年了，只有你们能完成我交付的使命，你们来接替帝位吧。"四岳说："我们的德性太浅薄了，不能玷辱这个位置。"帝尧说："那你们推荐朝中有没有其他贤明之臣，或者推举处在民间底层没有名气的人才。"大家都对帝尧说："有一个叫虞舜的单身汉处在民间下层，是一个人才。"帝尧说："噢，我也听说过，那他为人处事到底怎么样呢？"四岳说："他是一个瞎老头的儿子，父亲和继母都愚顽凶狠，异母弟象对他傲慢逞强；但舜用自己的孝行感动了全家和谐相处，家庭事业搞得很是兴旺，家人们也远离了奸邪的行为。"帝尧说："那我就试试他吧！"

女于时①，观厥刑于二女②，厘降二女于妫汭③，嫔于虞④。

【注释】

①女（nù）于时：把女儿嫁给舜。时，通"是"，指示代词，指舜。段玉裁《古文尚书撰异》说"女于某"乃先秦古籍常见句法。

②观厥刑于二女：观察舜对待二女的德行、法度。后儒解释其意说尧将使舜治国，而先使治家，可参。刑，同"型"。二女，传说中的娥皇、女英。

③厘：整饬。降：下（嫁）。妫汭（guīruì）：妫水注入另一水的相交弯曲地带。妫，大概指河南东部虞城西南附近的一条水。汭，一条水注入另一条较大之水的相交弯曲之处。

④嫔（pín）于虞：到虞家做媳妇。嫔，妇人嫁人之称。

【译文】

尧就将两个女儿嫁给舜，以锻炼观察他齐家治国的能力。二女下嫁到舜的家乡妫汭，做了虞家的好媳妇。

帝曰："钦哉①！"慎徽五典②，五典克从③。纳于百揆④，百揆时叙⑤。宾于四门⑥，四门穆穆⑦。纳于大麓⑧，烈风雷雨弗迷。

【注释】

①钦：敬。

②慎：慎重。徽：和，治。五典：五种伦常礼教。《左
传·文公十八年》有"父义、母慈、兄友、弟共
（恭）、子孝"五教，即其义。

③克：能。从：顺，妥。

④纳：入。百揆：百官。

⑤时：通"是"。叙：整齐，就序。

⑥宾：通"傧"，以礼接待。四门：可能是神话传说中
的名称，今不详所指。或附会为后世明堂建筑的四
门，不可信。

⑦穆穆：端庄恭敬的样子。

⑧大麓：山麓。

【译文】

帝尧对舜说："要敬于职守啊！"叫舜谨慎地推行父义、
母慈、兄友、弟恭和子孝五种伦常礼教，舜施行得很顺利。
又纳舜于百官之上，舜处理各种政务井井有条。又叫舜开
四方之门以接待各方诸侯来朝者，宾客肃然起敬。又叫舜
入山林，行祭祀山川之事，风雨得以调顺。

帝曰："格汝舜①，询事考言②，乃言底可绩③，
三载。汝陟帝位④。"

【注释】

①格：告。

②询：谋议。考：考核。

③乃：你的。底（zhǐ）可绩：为"可底绩"的倒装，

"厎绩"乃当时成语，即"致功"之谓。厎，致。

④陟（zhì）：登。

【译文】

帝尧说："舜，我和你说，三年来，我询问到你的政绩，考量了你所说的话，认为你可以取得功业。你登帝位吧。"

舜让于德弗嗣①。正月上日②，受终于文祖③。在璇玑玉衡以齐七政④。肆类于上帝⑤，禋于六宗⑥，望于山川⑦，遍于群神，辑五瑞⑧。既月乃日⑨，觐四岳群牧⑩，班瑞于群后⑪。

【注释】

①舜让于德弗嗣：舜以德赞襄而不推辞。让，通"攘"，襄赞，襄助。弗嗣，犹云"不怡"、"无辞"、"不怿"、"无斁"，皆同声假借。于省吾《双剑誃尚书新证》执此说，可从。

②正月上日：正月上旬的吉日。此王引之《经义述闻》之释，可从。

③受终于文祖：意谓尧禅舜位而用礼于祖庙。受终，指尧完成帝位之事，由舜来承受。文祖，原指周文王，"文"是周人尊美先祖的词。这里可理解为祖庙。

④在：察。璇玑玉衡：北斗七星。齐七政：观察北斗七星斗柄所指方向来认识四季不同星相和物候特征，来安排农事和行政等各项事务。《尚书大传》有

"春、秋、冬、夏、天文、地理、人道"七政，大体相符。

⑤肆：遂。类：古代一种祭天之礼。上帝：此处指"类"礼所祭之天。

⑥禋（yīn）：古代一种精诚洁敬之祭礼。六宗：即甲骨文中的"六示"，指六代祖先的神祖。

⑦望：祭祀山川之礼。

⑧辑：集，合。五瑞：五种美好的玉器，名号不详。《周礼·春官·典瑞》有公侯伯子男五等爵所执"桓圭、信圭、躬圭、穀璧、蒲璧"五玉，可备参考。

⑨既月乃日：王先谦《尚书孔传参正》释云："言既择月，乃卜筮吉日也。"可从。

⑩觐：见。牧：地方官员。

⑪班瑞：颁发"五瑞"。后：王。指四方首领。

【译文】

舜欲以德赞襄尧的禅让，于是不再推辞。正月吉日，在祖庙中举行摄行天子之政的大典。然后观察北斗七星的星象，根据斗柄所指来认识、处理四季农事与民生要政。以类礼祭天，以精意洁敬的禋祀之礼祭六代祖先，以望礼祭名山大川，祀礼遍及众神，又收集整理好诸侯觐见所持的五种瑞玉。卜筮选择了吉月吉日，开始受四岳、诸侯、地方长官的觐见，又根据奖惩规定将瑞玉颁还给他们。

岁二月，东巡守①，至于岱宗②，柴③。望秩于山川④，肆觐东后⑤。协时月、正日⑥，同律、度、量、衡⑦。修五礼、五玉、三帛、二生、一死贽⑧，如五器⑨。卒乃复⑩。

【注释】

①巡守：即"巡狩"。

②岱宗：东岳泰山。

③柴：祭天之礼，祭时积柴，加牲其上而焚烧。

④望秩：郑玄注云："遍以尊卑次秩祭之。"谓以望祭之礼祭祀山川，比照公卿大夫或五等爵之制，各按其次进行。杨筠如《尚书覈诂》疑"秩"乃"祑"之假借，亦足备一说。

⑤肆：遂。觐东后：接受东方诸侯的觐见。

⑥协时月、正日：协和齐正四时节气、月之数（大小）、日之名（甲乙），使各地诸侯国相同。

⑦同律：统一律制。古代截十二根不同长度的管子，作为确定乐音高低的标准音，称为十二律，即黄钟、大吕、太簇、夹钟、姑洗（xiǎn）、仲吕、蕤（ruí）宾、林钟、夷则、南吕、无射（yì）、应钟。其中，单数六种称六阳律，双数六种称六阴吕。单称"律"可包含十二律吕。度、量、衡：古代的度量衡制度源于音律，皆以黄钟数为基准，所以紧接着"律"。

⑧五礼：泛指几种礼，也可能是承上"慎徽五典"之目，但绝非汉人所谓"吉凶军宾嘉"或"公侯伯子男"五礼。五玉：五种瑞玉。三帛：三种颜色不同

的帛，或谓赤、玄、黄。二生：两种活物，或谓羔和鹅。一死贽（zhì）：贽是古代卑者见尊者所献的礼物，死贽或谓野鸡。

⑨如：和，与。五器：未详，或即五礼所备之器。王引之《经义述闻》谓"五玉、三帛、二生、一死贽如五器"皆蒙"修"字为义，极是。

⑩复：返回。

【译文】

这年二月，舜向东巡狩，到了泰山，用燔柴焚燎的祭礼祭天，以望祭之礼祭祀山川，接着受了东方诸侯们的觐见。将四时节气，月之大小晦朔，日之甲乙名称一一齐正，并确立了音律和度、量、衡的定制。舜还修治五种礼法，确定臣子觐见时所献礼物：五种瑞玉，三种彩帛，两种活物，一种死雉，以及相应的五礼之器。礼毕之后，就返回了。

五月，南巡守，至于南岳①，如岱礼②。

【注释】

①南岳：先秦文献中四岳、五岳之山多是虚无缥缈之名，并非实际山名，很难在地理上坐实。今日习称的西岳华山、南岳衡山、北岳恒山，都是汉代以后的说法。此处《尧典》作者亦未标山名，存而不论可也。下同。

②如岱礼：和巡狩泰山之礼一样。

【译文】

五月，舜又向南巡狩，到了南岳，一如泰山巡狩之礼。

八月，西巡守，至于西岳，如初①。

【注释】

①如初：和最初巡狩泰山之礼一样。

【译文】

八月，向西巡狩，到了西岳，也如最初泰山巡狩之礼。

十有一月，朔巡守①，至于北岳，如西礼②。

【注释】

①朔：北。

②如西礼：敦煌唐写本《经典释文》残卷作“如初”，
此为后人窜改，但承误已久，今姑沿其旧。

【译文】

十一月，向北巡狩，到了北岳，一如西岳巡狩之礼。

归格于艺祖①，用特②。

【注释】

①格：告。艺祖：祖、祢（父）之庙。

②用特：用一头公牛祭祀。

【译文】

返回后，告祭于祖祢之庙，用一头公牛祭祀祖先。

五载一巡守，群后四朝^①。敷奏以言^②，明试以功^③，车服以庸^④。

【注释】

①四朝：朝于四岳之下，或谓四年一朝京师。

②敷奏：遍以政事奏告。

③明试以功：明确考察其功绩。

④车服以庸：根据功勋赏赐车马冠服。庸，功。

【译文】

舜规定五年巡狩一次，巡狩之年，诸侯按四方之位各朝于方岳之下。朝见时，诸侯须口头奏告政事，然后据其所言明确考察实绩，按功劳来赏赐车马冠服。

肇十有二州^①，封十有二山^②，浚川^③。

【注释】

①肇：通"珧（zhào）"，划定边界。十有二州：十二之数乃泛称，无确指。下"十二有山"同。

②封：即封禅。析言之，在大山上筑土为坛祭天称"封"，在大山旁小山上除地为墠（shàn）祭地称"禅"。

③浚川：疏浚河道。陈梦家《尚书通论》称"浚"是"祭川"之名，亦可从。

【译文】

划定十二州野边界，封土以祀十二名山，疏浚河道以祀大川。

象以典刑①，流宥五刑②，鞭作官刑③，扑作教刑④，金作赎刑⑤。眚灾肆赦，怙终贼刑⑥。钦哉⑦！钦哉！惟刑之恤哉⑧！

【注释】

①象：与下"流"对文，刑名。《皋陶谟》有"方施象刑"之语。典：常。

②流：流放。宥：宽宥。五刑：下文《吕刑》篇有墨（刻面）、劓（yì，割鼻）、剕（fèi，断足）、宫（去生殖器）、大辟（死）五刑。

③官：官事，公事。

④扑：用檟（jiǎ）木、荆条鞭挞。教：学校，道业。

⑤金：金属货币。赎：赎罪。《吕刑》篇还记载了各刑出金赎罪的数额。

⑥眚（shěng）灾肆赦，怙（hù）终贼刑：顾颉刚《尚书研究讲义》认为"眚灾肆赦，怙终贼刑"二句乃锻炼、概括《康诰》篇文句而成。《康诰》云"人有小罪，非眚，乃惟终，自作不典，式尔；有厥罪小，乃不可不杀"，即此"怙终贼刑"；继云"乃有大罪，非终，乃惟眚灾，适尔；既道极厥辜，时乃不可杀"，即此"眚灾肆赦"。详参下文

《康诰》篇注译。眚灾，一时糊涂犯罪。肆，故。怙终，犹今云"怙恶不悛"，作恶到底。怙，坚持，凭恃。

⑦钦：敬。

⑧恤：忧惧，谨慎。

【译文】

　　把在冠服上刻画五刑的象刑作为主要刑罚，用流放之法宽宥、替代五常刑，把鞭笞作为怠慢、贻误公事所用之刑，挞以榎木、荆条则作为不服从教育者的刑罚，可以用货币来赎刑。凡属过失犯罪，可以赦免，故意犯罪，且怙恶不悛，则必加刑罚。敬重啊！敬重啊！要谨慎于刑法啊！

　　流共工于幽洲①，放驩兜于崇山②，窜三苗于三危③，殛鲧于羽山④，四罪而天下咸服。

【注释】

①共工：尧的大臣。见上文。幽洲：即上文的"幽都"。

②崇山：泛指南方极边远之地的山区。

③窜：逐。三苗：古代民族之名，与尧、舜都有过抗争。三危：原为神话中的山名。这里泛指西方极边远之地。

④殛（jí）：谴责，流贬。羽山：神话中鲧遭流放而死之处，今不详其地。

【译文】

于是流放共工到幽洲，流放驩兜到崇山，窜逐三苗到三危，流贬鲧到羽山一直到死，处罚了这四个罪人，全天下都心服了。

二十有八载，帝乃殂落①，百姓如丧考妣②。三载，四海遏密八音③。

【注释】

①帝：指尧。殂（cú）落：死。

②考妣（bǐ）：父母。

③遏：止。密：静。八音：金、石、丝、竹、匏（páo）、土、革、木。这里泛指所有音乐。

【译文】

舜摄帝位二十八年后，帝尧逝世，老百姓们像死了父母一样悲伤。三年之内，四海之民停止了一切音乐活动。

月正元日①，舜格于文祖②，询于四岳，辟四门③，明四目、达四聪④。咨十有二牧曰⑤："食哉惟时⑥，柔远能迩⑦，惇德允元⑧，而难任人⑨，蛮夷率服⑩。"

【注释】

①月正元日：意近上文"正月上日"，指正月上旬的吉日。

②格：祭告。

③四门：可理解为四方之门。

④明四目、达四聪：苏轼《东坡书传》云：“广视听于四方。”

⑤咨：告。十有二牧：十二州之官员。

⑥食哉惟时：“惟时食哉”之倒装，时，通“是”。食，通“饬”，谨敬。

⑦柔远能迩：亦见于《顾命》、《文侯之命》。意谓能服外者须使内部亲善。柔，安，驯服。迩，近。

⑧惇（dūn）德允元：《东坡书传》云：“惇厚其德，信用善人。”惇，厚。允，信。元，善。

⑨难：阻，拒。任人：佞人。

⑩蛮夷：泛指华夏族以外各个民族。率服：循服，顺服。

【译文】

正月上旬吉日，舜祭告于祖庙，询谋政事于四岳，遍开四方之门，招揽贤俊之士，广接视听于四方，以增加博闻远见。告诫十二州的长官说：“多加谨慎啊！能安远者须先使内部亲善，敦厚德行，信任善人，远离巧言佞色的小人，就能感化四方蛮夷之族竞相归服了。”

舜曰①：“咨四岳②，有能奋庸③，熙帝之载④，使宅百揆⑤，亮采惠畴⑥。”佥曰⑦：“伯禹作司空⑧。”帝曰：“俞⑨！”咨禹：“汝平水土⑩，惟时懋哉⑪！”禹拜稽首⑫，让于稷、契暨皋陶⑬。帝曰：“俞！汝往哉！”

【注释】

①舜曰：别于上文所称的"尧曰"，此下"帝曰"皆指舜。

②咨：叹词。

③奋庸：奋起事功。

④熙：振兴。帝：泛指帝王、君主。载：事。

⑤宅：居。百揆：百官。

⑥亮采惠畴：辅相朝廷使各类政事无不顺利。亮，辅相。采，事。惠，顺。畴，类，事。

⑦佥：皆。

⑧伯禹：即禹。神话中相传禹从鲧腹中剖出，鲧为禹父，鲧又号称崇君，为伯爵。故禹又称伯禹。司空：周代官职名，与司徒、司马并列，司田甸、工事等，在这里是水利之官。

⑨俞：相当于今天的"好吧"。

⑩平：治。

⑪时：是。懋（mào）：勉励。

⑫稽（qǐ）首：跪拜礼，叩头到地。

⑬稷：人名。即后稷，又名"弃"，是文献中周的宗祖神，被奉为周的始祖。其远在禹之后，但《尧典》安排成与禹同时为官，说明是杂取了不同的神话材料连缀成文。契：殷商族的宗祖神，被奉为殷商族的始祖。暨：与。皋陶（yáo）：又作"皋繇"，神话中的人物，战国文献中作为群舒地区偃姓族的宗祖神出现。顾颉刚、刘起釪《尚书校释译论·尧典》从语音上论证"皋"为发语词，"陶"即"尧"，"皋

陶"即"阿尧",即"尧",说明皋陶是尧分化出来的神名,但后世儒家又专为其造作《皋陶谟》,于是文献中确立了尧与皋陶的圣君贤相的地位。

【译文】

帝舜对四岳说:"四岳啊,谁能奋发有为,振兴我王家的事业,就让他总领百官,辅助朝政以顺成万事。"四岳和群臣都说:"让伯禹担任司空之职吧。"帝舜说:"好!"接着对禹说:"你治理水土大有功劳,好好重视这个工作啊!"禹跪拜叩头,推让给稷、契或皋陶来担任。帝舜说:"好了!还是你去干。"

帝曰:"弃①,黎民阻饥②,汝后稷③,播时百谷④。"

【注释】

①弃:稷的另一名。来源于《毛诗·生民》篇所载"稷遭姜原抛弃"的传说。

②黎民:庶民,百姓。阻饥:久饥。

③汝后稷:即"你主管农事,为农官"。后,动词,主,掌。

④时:通"莳",种植。

【译文】

舜又说:"弃,老百姓久陷饥荒,你去担任主管农政的稷官,领导种植庄稼的工作。"

帝曰:"契,百姓不亲①,五品不逊②,汝作司徒③,

敬敷五教在宽④。"

【注释】

①百姓：此处指人民、老百姓。

②五品：同上"慎徽五典"之"五典"，概指父义、母慈、兄友、弟恭、子孝的家庭道德。逊：驯，顺。

③司徒：周代官职名。金文中司藉田、林衡、牧人等职，战国秦汉之间渐转化为专司教化之职。

④敷：布，开展。五教：亦即上引《左传·文公十八年》"父义、母慈、兄友、弟共（恭）、子孝"之五教。此下唐时原叠"五教"二字，为后人所删。宽：宽裕，不过分严苛。

【译文】

舜又说："契，现在老百姓缺乏凝聚力，父、母、兄、弟、子女之间礼法伦常也不讲求，你来担任司徒，大力推行父义、母慈、兄友、弟恭、子孝这五教，但不要太严峻，稍稍宽柔点。"

帝曰："皋陶，蛮夷猾夏①，寇贼奸宄②，汝作士③。五刑有服④，五服三就⑤；五流有宅⑥，五宅三居⑦。惟明克允⑧。"

【注释】

①猾夏：侵乱中国。猾，乱。刘起釪认为"夏"为大禹有天下之号，按理帝舜不容得知，这也是《尧

典》成于春秋之时的根据。

②寇：群行攻劫为害。贼：害人，违法。奸宄（guǐ）：
周代成语。见于《微子》《牧誓》《康诰》等，盗
窃、凶乱的意思。

③士：官名。兼执兵、刑之事。

④五刑：这里指甲兵、斧钺、刀锯、钻笮、鞭扑五种
刑具。服：承受。意即服刑。《吕刑》云："上刑适
轻，下服；下刑适重，上服。"

⑤五服三就：语本《国语·鲁语》"五刑三次"之文。
三就，指原野、市、朝三个行刑之处。

⑥五流有宅：即上文之"流宥五刑"。意谓五刑之流，
各有所居。

⑦五宅三居：谓五刑之流所居之处按远近分为三等。

⑧惟明克允：《史记》作"惟明能信"。意谓必须明察
使刑当其罪，众人方能信服。

【译文】

帝舜又说："皋陶，现在外有蛮夷侵伐，内有违法害
民、盗窃作乱之事，你去担任士，兼掌军事和刑狱。五刑
都要有承服者，原野、市、朝各当其处；宽宥五刑相应的
流刑，远近各等须各有所居。但要明察刑案以定其罪，众
人才能信服。"

帝曰："畴若予工①？"佥曰："垂哉②！"帝曰：
"俞！"咨垂："汝共工③。"垂拜稽首，让于殳斨暨
伯与④。帝曰："俞！往哉，汝谐⑤。"

①畴：谁。若：善，治理好。工：百工之事，或以为
官名。

②垂：传说中一位擅长工艺的人，被誉为"巧倕"。
这里作为舜的臣名，掌百工之事。

③共工：按文例，与上文"后稷"、"作士"及下"典
乐"一样，为动词＋名词结构，"共"为动词，作。
工，官名，掌管百工之官。

④殳（shū）斨（qiāng）：人名。也有认为殳、斨为两
人的名字。二说可并存。伯与：人名。

⑤谐：宜。

【译文】

帝舜问："谁能治理好我的百工职事？"群臣都说："垂
呀！"帝舜说："好！"对垂说："你来担任工的官职。"垂
跪拜叩头，推让给殳、斨和伯与三人。帝舜对垂说："好
了！去吧，你适合这个职位。"

帝曰："畴若予上下草木鸟兽①？"佥曰②："益
哉③！"帝曰："俞！"咨益："汝作朕虞④。"益拜稽首，
让于朱、虎、熊、罴⑤。帝曰："俞！往哉！汝谐。"

【注释】

①畴若予上下草木鸟兽：此是舜又求掌管山泽之官。
上，山。下，泽。

②佥：皆。清儒阎若璩《古文尚书疏证》、江声《尚书集注音疏》认为"佥"乃晚出伪《古文尚书》之讹字，当依马融、郑玄等真古文本作"禹"，谓益同禹治水，禹深知其才习于草木鸟兽，故特荐之。可备一说。

③益：即伯益，文献亦作"伯翳"、"柏翳"、"伯繄"等，为嬴秦之祖先，又名大费，神话传说记载其行事各有不同，《尧典》作者采其一种加以记述。

④虞：官名。掌管山泽。

⑤朱、虎、熊、罴（pí）：山泽中的四个"灵兽"，在神话传说中作为氏族首领的名字。这里指四个大臣。

【译文】

帝舜问："谁能掌管山泽，治理林牧渔副之政？"群臣都说："益呀！"帝舜说："好！"就对益说："现在任命你担任我掌管山泽的虞官。"益跪拜叩头，推让给朱、虎、熊、罴诸人。帝舜说："好了！去吧，你适合这个职位。"

帝曰："咨四岳，有能典朕三礼①？"佥曰："伯夷②。"帝曰："俞！"咨伯③："汝作秩宗④，夙夜惟寅⑤，直哉惟清⑥。"伯拜稽首，让于夔、龙⑦。帝曰："俞！往，钦哉。"

【注释】

①典：主。三礼：泛指礼法。或谓"三礼"为天神、地祇、人鬼之礼，并不可靠。三，为虚数。

②伯夷：神话人物，姜姓之宗祖神，《吕刑》篇中他与夏族宗祖神禹、周族宗祖神稷同被上帝派下来造福于民，他掌管刑狱之政，而在本篇伯夷的身份是礼官。此伯夷与周武王时不食周粟的高士伯夷，名字相同而实际毫不相干。

③伯：《史记》作"伯夷"，当据补一"夷"字。下"伯拜稽首"句同。

④秩宗：主宗庙的礼官。

⑤寅：敬。

⑥直：无私，正直。清：廉明。

⑦夔（kuí）、龙：神话中两个氏族宗祖神之名。这里作为两个大臣的名字。

【译文】

帝舜问："四岳啊，有谁能主持我的三礼之政？"四岳和群臣都说："伯夷可以。"帝舜说："好！"就对伯夷说："任命你担任秩宗之官，早晚都要恭敬于祀典，正直无私才能廉明啊。"伯夷跪拜叩头，推让给夔、龙二人。帝舜说："好了！还是你去干，敬重职事啊。"

帝曰："夔，命汝典乐①，教胄子②。直而温③，宽而栗④，刚而无虐⑤，简而无傲⑥。诗言志⑦，歌永言⑧，声依永⑨，律和声⑩。八音克谐⑪，无相夺伦⑫，神人以和。"夔曰："於⑬！予击石拊石⑭，百兽率舞⑮。"

【注释】

①典乐：司乐正之职。典，主，掌。

②胄子：这里指贵族子弟。胄，同"育"，稚。

③直而温：正直而温和。

④宽而栗：宽大而有所辨别。栗，通"秩"，条理秩然之谓。

⑤刚而无虐：刚强而不苛刻暴虐。

⑥简而无傲：简易疏大但不傲慢。

⑦诗言志：《毛诗·大序》云："在心为志，发言为诗。"即此义。

⑧永：同"咏"。

⑨声依永：依歌咏的需要来运用宫、商、角、徵、羽五声。

⑩律和声：由律管来校定五声的音高。

⑪克：能。

⑫夺伦：乱其旋律，走调。夺，乱。伦，序。

⑬於（wū）："乌"的古文，同"呜"，叹美之词。

⑭石：磬。拊（fǔ）：抚摩轻击。

⑮百兽率舞：指人们装扮成百兽随乐起舞。一说，百兽感动于乐而起舞，究嫌拘泥。

【译文】

帝舜说："夔，任命你为乐正之官，教导贵族子弟。让他们正直而温和，宽容而能有别，刚强但不苛虐，简易但不傲慢。诗教是用来抒发、宣导高尚志节的，歌咏是用来进一步宣畅诗中所言所寄之意的，按歌咏的需要来运用宫、商、角、徵、羽五声，由律管来校定五声的音高。这样，所有乐器才能和谐演奏不走调，也能使人和神都和谐快乐。"夔说："唉呀！我或轻或重地拍击石磬，发为乐歌，百姓装扮成百兽随之翩翩起舞。"

帝曰："龙，朕堲谗说殄行①，震惊朕师②，命汝作纳言③，夙夜出纳朕命，惟允④。"

【注释】

①堲（jí）谗说殄（tiǎn）行：憎恶谗言、恶行。堲，通"疾"，憎恶。殄，病，败。

②震惊朕师：耸动我众人。师，众。

③纳言：官名。王与天《尚书纂传》引朱熹说："命令、政教，必使审之，居允而后出，则谗说不得行，而矫伪无所托；敷奏复逆，必使审之，既允而后入，而邪僻无自进，而功绪有所稽。周之内史，汉之尚书，魏晋以来所谓中书门下省者，皆此职也。"可参。

④允：信。

【译文】

帝舜说："龙，我憎恶那些耸动众人的谗言恶行，你来担任纳言之官，替我早晚掌管命令政教的出入，必须信实不误。"

帝曰："咨汝二十有二人①，钦哉！惟时亮天功②。"

【注释】

①咨：告。二十有二人：苏轼《东坡书传》云："盖十二牧、四岳、九官也。"有，同"又"。

②时：通"是"。亮：通"谅"，辅相。功：事。

【译文】

帝舜说："告诉你们二十二个人，要敬重地辅相、成就上天赋予大家的事功。"

三载考绩，三考，黜陟幽明①，庶绩咸熙。

【注释】

①黜陟（zhì）幽明：没有成绩的黜退，成绩明显的升职。

【译文】

此后，舜每三年举行一次考核，经过九年、三次的考核，黜退了没有成绩的，晋升了大有功劳的，国家政事非常兴盛。

分北三苗①。

【注释】

①分北三苗：分出三苗的一部分迁到北方。

【译文】

又将三苗的一部分分出来迁到了北方。

舜生三十征庸①，三十在位，五十载，陟方乃死②。

【注释】

① 征庸：召用。

② 陟方乃死：旧说舜巡狩南方，死于苍梧之野，但"陟"字失解，韩愈遂谓"陟方"即升暇、徂落，犹今云"升天"。其说较通。若确论舜所卒之地，当以《孟子·离娄下》"卒于鸣条（在今河南开封陈留境）"说较为可信。

【译文】

舜年三十岁时被尧征用，摄帝位三十年，即帝位又五十年，而后升天而逝。

皋陶谟

　　《皋陶谟》被《左传》等先秦古籍征引数次，可确认是先秦《尚书》旧篇。在西汉伏生所传《今文尚书》二十八篇中，《皋陶谟》列第二。西汉所传"《书序》百篇"则列为《虞夏书》之第十五篇，下接《益稷》第十六篇。东汉马融、郑玄本《古文尚书》亦列《皋陶谟》为第二，另有《弃稷》次之。东晋伪古文出，割裂《皋陶谟》后半"帝曰来禹汝亦昌言"以下另为《益稷》篇，成为第四、第五两篇。今恢复其在汉代今、古文《尚书》第二篇的旧貌。

　　与《尧典》一样，《皋陶谟》也经过了儒家的整理编订，其中很多文句被《论语》、《孟子》所袭用，流露出深刻而正宗的儒家思想。对君德、臣德的强调，对君臣之道要点的探讨更是其鲜明特点。《史记·夏本纪》录此篇，开头加上"帝舜朝，禹、伯夷、皋陶相与语帝前，皋陶述其谋曰"数语，可见汉人认为《皋陶谟》是皋陶和禹在虞舜朝廷上问答、议论的记录。

曰若稽古皋陶曰^①："允迪厥德^②，谟明弼谐^③。"禹曰："俞^④！如何？"皋陶曰："都^⑤！慎厥身修，思永^⑥。惇叙九族^⑦，庶明厉翼^⑧，迩可远在兹。"禹拜昌言^⑨，曰："俞。"

【注释】

①皋陶（yáo）：神话人物。这里作为舜的大臣。

②允：信，确实。迪：引导，践履。厥：其。

③谟：谋。弼：辅。谐：和。

④俞：然，犹今云"好的"。

⑤都：叹美之辞。

⑥永：长。

⑦惇（dūn）：厚。叙：按次序。九族：众多氏族。

⑧庶：众。明：贤人。厉：勉。翼：辅。

⑨昌言：美言。

【译文】

古时候那个皋陶说："要切实地引导、发扬德教，我们所谋划、所辅弼的事业才能光明和谐。"禹说："对啊！但怎样实现呢？"皋陶说："啊！要谨慎地修养品德，对问题要深谋远虑。用厚德来团结各族，广泛推举贤明之士作为辅翼之臣，使政务能由近及远，及于全境。"禹拜领了这番美言，说道："对啊！"

皋陶曰："都！在知人，在安民。"禹曰："吁^①！咸若时^②，惟帝其难之^③。知人则哲^④，能官人^⑤；安

民则惠⑥，黎民怀之⑦。能哲而惠，何忧乎驩兜，何迁乎有苗，何畏乎巧言令色孔壬⑧？"

【注释】

①吁（xū）：叹词，相当于"哎呀"。

②咸：皆。若时：如是，如此。时，通"是"。

③惟：发语词。

④哲：智。

⑤官：以官位授人。

⑥惠：爱。

⑦怀：思。

⑧巧言：说好话。令色：伪善、谄媚的脸色。孔：很。壬（rén）：佞。

【译文】

皋陶又说："啊！这全在于知人善任，安定百姓。"禹说："唉！要都能做到这样，连帝王也感到不容易啊。知人须有才智，且要能授予恰当的职位；安民要有仁爱之心，才能使百姓感恩戴德。能知人善任、关爱百姓，还怕什么驩兜的作乱，还需要什么放逐三苗，还畏惧什么花言巧语善于作伪的坏人呢？"

皋陶曰："都！亦行有九德①，亦言其人有德。"乃言曰："载采采②。"禹曰："何？"皋陶曰："宽而栗③，柔而立④，愿而恭⑤，乱而敬⑥，扰而毅⑦，直而温⑧，简而廉⑨，刚而塞⑩，强而义⑪。彰厥有常⑫，吉哉⑬！日宣三德⑭，夙夜浚明有家⑮，日严祗敬六德⑯，亮采有邦⑰。翕受敷施⑱，九德咸事，俊乂在官⑲。百僚、师师、百工惟时⑳，抚于五长㉑，庶绩其凝㉒。无教逸欲有邦㉓，兢兢业业，一日二日万几㉔。无旷庶官㉕，天工人其代之㉖。天叙有典㉗，敕我五典五惇哉㉘；天秩有礼，自我五礼有庸哉㉙；同寅协恭和衷哉㉚！天命有德，五服五章哉㉛；天讨有罪，五刑五用哉㉜；政事懋哉懋哉㉝！天聪明，自我民聪明㉞；天明畏，自我民明威。达于上下㉟，敬哉有土㊱！"

【注释】

①行有九德：人的性行有九种品德。

②载：始。采：事。

③宽而栗：宽宏又庄严。

④柔而立：柔和又能坚定。

⑤愿而恭：谨厚而能供职干办。恭，通"供"。

⑥乱而敬：善治事者要能谨敬。

⑦扰而毅：驯顺而能果断。

⑧直而温：正直而能温和。

⑨简而廉：简易率性而能志行端正。

⑩刚而塞：刚劲而又平实。

⑪强而义：刚强任情而能守道义。

⑫彰：明。厥：其。

⑬吉：善。

⑭宣：布。

⑮浚：今文作"翊"，明。

⑯祗：敬。

⑰亮：信。采：事。

⑱翕（xī）：合。

⑲俊乂：超过常人的才智之士。

⑳百僚：百官。师师：较高级的长官。百工：百官。
　时：天时。

㉑抚：顺。五长：五位众官之长，如司徒、司马、司
　寇、司空、大宗伯等各官之长。

㉒凝：成。

㉓无：毋。

㉔几：几微。

㉕无：毋。旷：废。庶：众。

㉖天工：即"天功"，天事。

㉗叙：次序，伦序。

㉘敕：诫。惇：厚。

㉙自：由，用。五礼：泛指几种礼，不可以后世"五礼"
　硬套。有庸：依前后文例，当作"五庸"。庸，常。

㉚寅：敬。协：和。衷：善。

㉛五服：用多种彩绘画饰而成的衣服。章：彰显，表彰。

㉜五刑：即《吕刑》之墨（刻面）、劓（割鼻）、膑
　（去膝盖骨）、宫（去生殖器）、大辟（死）。五用：
　即《国语·鲁语》所载大刑用甲兵，其次用斧钺，
　中刑用刀锯，其次用钻笮，薄刑用鞭扑。

㉝懋（mào）：美好。

㉞自：由。

㉟达：通。上下：天意和民意。

㊱有土：指诸侯卿大夫等有封土者。

【译文】

　　皋陶说："啊！人性有九种德行，一个人必须要有德。"接着说："说人有德，就要从他所干的每件事出发来考察。"禹说："怎么样呢？"皋陶说："宽宏又能庄严，柔和而能坚定，谨厚而能干练职守，善治事者又要能谨敬，驯顺且能果断，正直而能温和，简易率性而能志行端正，刚劲而又平实，刚强任情而能守道义。天子如能奖励那些德行有常的人，就称善政了！对这九种德行早晚能做到其中三种、六种的，就能治理并保有家国。天子更要能综合此三德、六德之人而普施政教，使备有九德的贤俊之士都能担任王朝职官。百官职司都及时以展事功，在政府五长的领导下，使各种政事都获成功。切勿使国家政教为逸乐嗜欲所腐化，大家每天都要兢兢业业地谨慎洞察万事的端倪。不可让不称职者旷废官位，因为王朝的君位、官职都是秉承天职，天事由人代行，不可旷废。上天定下了人的伦常序次，告诫我们要遵守君臣、父子、夫妇、兄弟、朋友等常法，使这五种关系深厚有序；上天制定了尊卑贵贱的品秩等级之礼，由此才有君臣、父子、夫妇、兄弟、朋友等礼法的贯彻实行；君臣民众上下一心和衷共济吧！上天嘉命有德之人，制定了多种彩绘的服饰来表彰他们；上天惩罚有罪之人，用甲兵、斧钺、刀锯、钻笮、鞭扑等五种不同用刑方式执行；这样，政事就美好了，兴旺了！上帝听取、采集意见，都是根据民众的态度；上天赏赐贤德之人，惩罚有罪之人，也是依据民众的态度。天意民意上通下达。要谨慎啊，四方诸侯们！"

皋陶曰："朕言惠可厎行^①？"禹曰："俞，乃言厎可绩^②。"皋陶曰："予未有知，思曰赞赞襄哉^③。"

【注释】

①惠：发语词。厎（zhǐ）：致。

②绩：成功。

③曰：通"爰"。赞：引导，宣明。襄：成。

【译文】

皋陶说："我讲的这些可以成功地贯彻执行吗？"禹说："好，你的话完全可以实行。"皋陶说："其实我并没有什么见识，只是一直在考虑如何成就治国之道罢了。"

帝曰："来！禹，汝亦昌言^①。"禹拜曰："都！帝，予何言？予思日孜孜^②。"皋陶曰："吁！如何？"禹曰："洪水滔天，浩浩怀山襄陵，下民昏垫^③。予乘四载^④，随山刊木^⑤。暨益奏庶鲜食^⑥。予决九川距四海^⑦，浚畎浍距川^⑧。暨稷播奏庶艰食^⑨。鲜食^⑩，懋迁有无化居^⑪，烝民乃粒^⑫，万邦作乂^⑬。"皋陶曰："俞！师汝昌言。"

【注释】

①昌：美，好。

②孜孜：勤勉不懈怠的样子。

③昏：淹没。垫：陷。

④四载：四种运载工具，旱路坐车，水路乘船，泥路用橇，山路用檋（jū）。

⑤随山刊木：随着山岭的形势，斩木通道，以便治水。

⑥暨：与，和。奏：进。庶：庶民。鲜食：活着的新鲜食物。

⑦九川：泛指九州名川。距：至，通。

⑧浚：疏浚、加深水道。畎（quǎn）浍（kuài）：田间大小不同的沟洫等。小沟称畎，大沟称浍。

⑨播：布。艰食：好不容易才得到的食物。

⑩鲜（xiǎn）食：指少食的地方。鲜，少。

⑪懋迁有无：转移有余以补充不足。懋，通"贸"。化居：迁徙居集之货。化，同"货"。

⑫粒：米食。

⑬乂：治。

【译文】

帝舜对禹说："来，禹，你也讲讲你的好意见。"禹拜谢说道："啊！帝，我有什么好说的呢？我只考虑每天努力不懈地工作。"皋陶插话说："唉！怎么样努力不懈呢？"禹说："滔天的洪水，浩浩荡荡地包围了山川，淹没了丘陵，老百姓都要被淹死了。我使用四种交通工具，循行山林，斩木通道，以便治水。和益一起给老百姓生鲜食物。我将九州河流疏通贯入大海，把河渠疏通使入大河。又和稷一道使老百姓在难以得到食物时能吃到东西。缺粮少食的地方，我就用粮食充足的地方来调配，老百姓才吃到粮食，国家最终得以安定了。"皋陶说："好啊！应该学习、借鉴你的良言。"

禹曰："都！帝慎在位。"帝曰："俞！"禹曰："安汝止①，惟几惟康②；其弼直③，惟动丕应④。溪志以昭受上帝⑤，天其申命用休⑥。"帝曰："吁！臣哉邻哉⑦！邻哉臣哉！"禹曰："俞！"

【注释】

①止：行为。

②惟：思。几：几微，端倪。这里偏指危险事态。康：安。

③弼：辅。直：当作"惠"，字体因剥坏而误。"惠"即"德"。

④丕：大。

⑤溪：通"清"。昭：通"绍"，承继。

⑥申：重。用：以。休：美。

⑦邻：近。

【译文】

禹对舜说："啊，陛下在帝位上要特别谨慎小心呀！"帝舜说："是啊！"禹说："让您的行为安定稳重，注意事态的端倪才可不致酿成大害，而能得到平安；还要辅之以德，君主令出则天下大应。意志清明来承接上帝之命，上天就会加赐您美好天命。"帝舜说："唉！大臣是至亲至近的啊！至亲至近的是大臣啊！"禹说："是啊！"

帝曰："臣作朕股肱耳目①。予欲左右有民②，汝翼③；予欲宣力四方，汝为；予欲观古人之象④：日、月、星辰、山、龙、华虫、作会⑤，宗彝、藻、火、粉米、黼、黻、𫄨绣⑥，以五采彰施于五色作服⑦，汝明；予欲闻六律、五声、八音、七始咏⑧，以出纳五言⑨，汝听；予违⑩，汝弼⑪。汝无面从，退有后言。钦四邻⑫，庶顽谗说⑬，若不在时⑭，侯以明之⑮，挞以记之⑯，书用识哉，欲并生哉⑰。工以纳言⑱，时而飏之⑲，格则承之、庸之⑳，否则威之㉑。"

【注释】

①股肱（gōng）：大腿和胳膊，比喻辅佐之臣。

②左右：助，帮助。

③翼：辅翼。

④象：衣服的法象。

⑤华虫：一种美丽的野鸟。作会：指日、月、星辰、山、龙、华虫六者，用于上衣。会，通"绘"。

⑥宗彝：绘有虎、蜼（wěi，长尾猿）的宗庙彝器。藻：水草。火："火"字形。粉米：白米。黼（fǔ）：斧形。黻（fú）：两弓相背的几何图形。𫄨（chī）

绣：指宗彝、藻、火、粉米、黼、黻六者，用于下裳。其义为缝制刺绣。

⑦以五采彰施于五色：郑玄云："未用谓之采，已用谓之色。"王国维说"采"当作"介"，谓五者相介（间）以发其色。可备一说。

⑧六律：指十二律吕。五声：宫、商、角、徵、羽。八音：金、石、丝、竹、匏、土、革、木八种乐材的乐器所奏出的音乐。七始咏：吴澄《书纂言》云："'七始'，《国语》谓之'七均'。……正声五，变声二，每律用七声为均，相和而均调，故曰七均，七声迭用以终始一调，故曰七始。"

⑨出纳：《尧典》有"纳言"之官，下文亦有"纳言"，这里可理解为音乐工作的"采风"。五言：苏轼《东坡书传》云："五言者，诗也。夷讽咏之言寄之于五声，盖以声言也，故谓之五言。"

⑩违：犯错误。

⑪弼：匡正。

⑫钦：敬。四邻：泛指左右大臣。

⑬庶：众。顽：愚。谗说：谄媚之人。

⑭在：察。时：通"是"。

⑮侯：射靶，指射礼。

⑯挞：鞭挞，谴责。《东坡书传》云："众顽谗说之人不率是教者，舜皆有以待之，夫化恶莫若进善，故择其可进者以射侯之礼举之；其不率教之甚者，则挞之。"极明。记：孙诒让《尚书骈枝》谓通"謚"，

告诫。可从。

⑰书用识哉，欲并生哉：《东坡书传》承上云："其小者
则书其罪而记之，欲其并居而知耻也。"可从。书，
著之刑书。用，以。

⑱工：官。纳言：凭借音乐来进谏的方式。

⑲时：通"是"。飏（yáng）：举。

⑳格：改过。承：进。庸：用。

㉑威：使畏惧。

【译文】

帝舜说："大臣们做我的左膀右臂和心腹耳目。我佑助
百姓，你们要辅助我；我要宣力于四方，你们要尽力而为；
我要观察古人昭分品秩等级的服色采象：在上身衣服上彩
绘日、月、星辰、山、龙、华虫等图案，在下身衣裳上缝
织绣制虎猿之形、水藻、'火'形、粉米、黑白相间的斧形、
青黑相间的'亚'形等图案，用五种色彩的颜料鲜明地绣
制各种色彩的章服，你们要一一考订明确。我要谛听六律、
五声、八音、七始咏，以及采风所得的各方诗歌，你们要
为我仔细听好；我有违失之处，你们要匡正我。不要当着
我面时唯唯诺诺，下去暗地里又批评我。我尊敬的辅佐大
臣们！那些愚顽进谗言的人不守政教，你们要用射侯之礼
分辨出来，过分的，就鞭挞处罚给予告诫，那些过失小的
就把他们的罪记在刑书上，让他们感到羞耻。由专官以纳
言之职举善责过，有善行的就表扬、举荐，改过向善的也
升进录用，否则用刑法威慑让他恐惧。"

禹曰："俞哉！帝光天之下，至于海隅苍生^①，万邦黎献^②，共惟帝臣^③。惟帝时举^④，敷纳以言，明庶以功，车服以庸^⑤。谁敢不让^⑥，敢不敬应^⑦？帝不时^⑧，敷同日奏^⑨，罔功^⑩。"

【注释】

①苍生：即"黔首"，"黎民"，老百姓。

②黎献：老百姓和贵族。

③共：同。惟：为。

④时：及时。

⑤"敷纳"三句：《尧典》有"敷奏以言，明试以功，车服以庸"之句，义近。纳，采纳。庶，似为"试"之音讹。

⑥让：让功服善。

⑦应：承。

⑧时：通"是"，这么做。

⑨敷同：(对贤愚善恶)不加区别地对待。敷，布，普。奏：进。

⑩罔：无。

【译文】

禹说："啊呀！陛下光照天下，天下苍生百姓，万邦贵贱之民，都是陛下的臣子。全在于陛下及时举用，广泛地采纳他们的意见，明确地考察他们的功绩，公正地以车马服饰赏赐他们的功勋。这样，谁敢不让功服善，谁敢不敬承天命？如果陛下不这么做，而使贤愚善恶同时在位，就不会取得政绩。"

帝曰:"无若丹朱傲①,惟慢游是好②,敖虐是作③,罔昼夜额额④。罔水行舟⑤。朋淫于家⑥。用殄厥世⑦。予创若时⑧。"

【注释】

①无:毋。傲:同"敖",戏谑。

②慢游:逸游无度。

③敖虐:戏谑。

④罔昼夜:没有白天黑夜。额额(é):没有休息的样子。

⑤罔水行舟:水浅不足行船也要强迫(使人推着)走。

⑥朋:群。

⑦用:以。殄(tiǎn):绝。厥:其。世:世系。

⑧创:惩。若时:于是。

【译文】

帝舜说:"不要像丹朱那样沉溺于游玩嬉戏,贪乐戏荡,没日没夜无停息。河中水浅也强迫非要行船。在家中也肆行淫乱。终使他的世系断绝了。我们可不能像他这样。"

禹曰:"予娶涂山①,辛壬癸甲②。启呱呱而泣③,予弗子④,惟荒度土功⑤,弼成五服⑥,至于五千⑦,州十有二师⑧。外薄四海⑨,咸建五长⑩。各迪有功⑪,苗顽弗即工⑫,帝其念哉⑬。"

【注释】

①涂山：涂山氏。其地望或说在会稽，或说在九江当涂，今不详。

②辛壬癸甲：古代以干支纪日，辛壬癸甲共计四天。

③呱呱（gū）：婴儿哭声。

④子：作动词用，抚育儿子。

⑤荒：大。度：就。

⑥弼：辅。五服：《禹贡》有甸服、侯服、绥服、要服、荒服五服之制，其实也是虚拟。

⑦五千：《禹贡》记每服五百里，五服则二千五百里，两面计之方五千里。其实也是虚构。

⑧州十有二师：《尧典》有十二州，指地方行政制度的设立。师，地方长官，即十二州牧。

⑨薄：迫，至。四海：四方，普天之下。

⑩五长：不详，可暂理解为各地所建诸侯。

⑪迪：道，蹈。

⑫即：就。

⑬念：思。

【译文】

禹说："我娶涂山氏的女儿结婚是辛日，到甲日就离开家忙着去治水。我的儿子启出生，呱呱哭泣，我也没有尽过抚育儿子的责任，所以全力完成了平治水土之功，终于辅助陛下完成划天下为五服的大业，使疆域每方达到五千里，每州又制定了十二师的地方行政区划，外则疆域远至四海，五方之地各建诸侯，他们都能建立功勋，只有苗族顽梗不服帝功，陛下要时刻留意。"

帝曰："迪朕德，时乃功惟叙^①。皋陶方祗厥叙^②，方施象刑惟明。"

【注释】

①时：通"是"。乃：汝，你的。

②祗：敬。厥叙：禹的德政。

【译文】

帝舜说："我的德教得以宣布发展，全是你的功劳。现在皋陶很重视你的德业，对愚顽不服的人开始明确地用刑法威慑。"

夔曰："戛击鸣球^①，搏拊琴瑟以咏^②。祖考来格^③。虞宾在位^④，群后德让^⑤。下管鼗鼓^⑥，合止柷敔^⑦，笙镛以间^⑧。鸟兽跄跄^⑨。《箫韶》九成^⑩，凤凰来仪^⑪。"夔曰："於！予击石拊石^⑫，百兽率舞，庶尹允谐^⑬。"

【注释】

①戛（jiá）击：轻击。鸣球：击响玉磬。球，玉磬。

②搏：手击。拊（fǔ）：轻击。咏：合咏歌之声。

③祖：父之考，即祖父。考：父。格：至。常用于祭
　　祀时神祇来飨之意。

④虞宾在位：不详，或谓舜以丹朱为宾，乃受汉代三

统说影响，恐非先秦实际。

⑤群后德让：诸侯助祭者各以德相让。

⑥下管：堂下之乐以竹乐器为主，故称下管。鼗（táo）：长柄小鼓，两旁有耳，摇动可自击。

⑦合止柷（zhù）敔（yǔ）：即"合之柷敔"。止，通"之"。柷、敔，皆古乐器，形制不详。

⑧笙：管状乐器。镛：大钟。间：与上"咏"相对，与咏歌迭奏。

⑨鸟兽跄跄：人扮为鸟兽起舞的样子。

⑩《箫韶》：舜所制乐曲。九成：演奏九遍。

⑪凤凰来仪：指演奏《箫韶》之乐的箫管错落相间，有着凤凰般的仪容。旧说神鸟凤凰被音乐感动而到来，恐非情理。

⑫石：磬。

⑬庶尹：众官，百官。允：信，确实。

【译文】

夔说："堂上乐工敲击玉磬，抚击琴瑟，来配合歌咏。祖先神灵各来飨祀。此时前代帝王的后裔作为虞宾已就祭位，前来助祭的诸侯也都互相礼让。堂下管乐和鼗鼓并奏，与柷、敔、笙、钟之音相合，与堂上咏歌之声迭相起奏。乐声悠扬，人扮演着鸟兽竞相起舞。《箫韶》之乐演奏九遍，箫管参差错落宛如凤凰飞翔，仪态万方。"夔还说："啊！我敲击石磬，人扮演的百兽纷纷起舞，百官更是和谐融洽。"

帝庸作歌曰①："敕天之命②，惟时惟几③。"乃歌曰："股肱喜哉④！元首起哉⑤！百工熙哉⑥！"皋陶拜手稽首飏言曰⑦："念哉⑧！率作兴事⑨，慎乃宪⑩，钦哉！屡省乃成⑪，钦哉！"乃赓载歌曰⑫："元首明哉！股肱良哉！庶事康哉！"又歌曰："元首丛脞哉⑬！股肱惰哉⑭！万事堕哉⑮！"帝曰："俞！往钦哉！"

【注释】

①庸：用，因此。

②敕：戒敕。

③惟时惟几：何时何事都要慎重戒敕。

④股肱：指左右辅佐大臣。

⑤元首：君主。起：兴起。

⑥百工：百事。熙：兴。

⑦飏：同"扬"，接着，继续。

⑧念：思考，记住。

⑨率：率领。兴：起。

⑩宪：法令。

⑪屡省：反复仔细地考虑。

⑫赓（gēng）：续。载：为。

⑬丛脞（cuǒ）：繁碎没有大略。

⑭惰：懈怠。

⑮堕：毁坏。

【译文】

帝舜因此唱起歌来：“要勤劳于上天的大命啊，时时事事都要儆戒谨慎啊。”接着又唱道：“大臣百官乐于治事啊！君王我就振奋兴起了啊！国家万事就都兴旺发达了啊！”皋陶跪拜叩头，接着说：“记住这些话啊！天子总率群臣振兴事功，大家要慎重对待公共法令，千万要恭敬啊！凡事要反复仔细推想才会成功，千万要恭敬！”皋陶又接着唱道：“天子英明啊！大臣贤良啊！万事康宁啊！”又歌唱道：“天子治事琐细没有大略啊！大臣们就会懈怠了啊！万事也就荒废了啊！”帝舜听了，说道：“对啊！去吧！大家好好努力各司其职吧！”

禹　贡

　　《禹贡》是中国最早的地理著作，托"禹"以名篇，讲述了大禹治理洪水，划分九州，并记载各地山川脉络、土壤等级、物产分布等情况，以及各州贡赋的品种、所经的路途等。《禹贡》九州，帝都冀州为中心，其次为兖、青、徐、扬、荆、豫、梁、雍，并非一种习见的政治地理区划，而是一种人文地理区系，在考古学上有着源远流长的文化源头。九州范围，东至大海，西至甘、陕，南达湘、鄂，北及辽东半岛。但各区域格局，又是在全境按照东西南北一定的里数来划定，又反映出古人对于中国地理的一种空想性规划和描述。考察其内容，并结合考古学的结论，可以推测《禹贡》一文有着早期的蓝本，其主体内容反映了春秋时期的地理情况，其后经战国而略有增益加工。

禹敷土①，随山刊木②，奠高山大川③。

【注释】

①敷土：划分土地为九州。敷，分。

②随山刊木：随着山岭的形势，斩木通道，以便治水。

③奠：定。

【译文】

禹划分九州疆界，随着山势斩木通道，确定各州高山大河。

冀州①。既载壶口②，治梁及岐③。既修太原④，至于岳阳⑤。覃怀底绩⑥，至于衡漳⑦。厥土惟白壤⑧，厥赋惟上上⑨，错⑩。厥田惟中中⑪。恒卫既从⑫，大陆既作⑬。鸟夷皮服⑭。夹右碣石入于河⑮。

【注释】

①冀州：禹划九州之一，得名源于古代冀南的晋国。《禹贡》中作为天子直接管理的王畿。在今山西和河北西部。

②既：已。载：成。壶口：山名。在今山西吉县。

③治：治理。梁：山名。在今陕西韩城东北。岐：山名。在今陕西岐山北。

④修：治理。太原：在今山西太原一带。

⑤岳阳：太岳山以南的区域。岳，太岳山。在今山西霍州东。

⑥覃怀：在今河南武陟、沁阳一带。厎（zhǐ）：致。绩：功。

⑦衡漳：漳水横流入黄河，故称。衡，通"横"。漳水自山西高原西南东流，与黄河交汇流于河北、河南两省间的平原，水害严重。

⑧惟：是。白壤：一种沙质含盐的土壤，因洪水流过，又经蒸发所致。这种盐碱地农作物产量很低。

⑨上上：第一等。《禹贡》将九州田、赋分作九等，即上上、上中、上下、中上、中中、中下、下上、下中、下下。

⑩错：杂。这里指杂出第二等赋税。

⑪中中：第五等。《禹贡》九州土地分等，大体根据当地农业发展水平高低，而不是根据地形、地质等。《尚书校释译论·禹贡》据《禹贡》述各州文句之例，谓"厥田惟中中"乃错简，当移至"厥赋惟上上"之上，其说有理，译文即据以移正，经文正文仍保留原貌样。

⑫恒卫既从：意谓恒、卫二水已治好，顺利流泻了。恒水出今河北曲阳，卫水出今河北灵寿，两水下游在战国黄河大改道前都是黄河下游河道的一部分。

⑬大陆：大陆泽，在今河北钜鹿西北，是古代内陆湖泊，后大都淤成平地。作：耕作。《尚书校释译论·禹贡》说"恒卫既从大陆既作"八字乃错简，当移至"至于衡漳"下，其说有理，译文即据以移正，经文正文仍保留原样。

⑭鸟夷：古代居住在东北地区的民族，以鸟为图腾，故名。皮服：指鸟夷向中央王朝进贡的禽兽皮毛。

⑮夹：《东坡书传》云："夹，挟也，自海入河，逆流而西，右顾碣石，如在挟腋也。"碣石：河北乐亭南的海边石山。

【译文】

冀州。壶口治理好了，接着治理梁山和岐山。太原修治妥当，又整治太岳山以南地区。覃怀地区成效显著，又到了横漳水一带。恒水、卫水都疏浚通畅了，大陆泽周围土地也可以耕种了。这一州的土壤是含盐的白壤，耕地列在第五等，赋税为第一等，但根据收成有时杂出第二等。东北的鸟夷民族进贡珍奇的鸟兽皮毛，他们循海道入贡，沿着辽东湾西岸向南航行，循着拐角处的碣石，据以右转，再向西驶入黄河。

济、河惟兖州①。九河既道②，雷夏既泽③，灉、沮会同④。桑土既蚕⑤，是降丘宅土⑥。厥土黑坟⑦，厥草惟繇⑧，厥木惟条⑨。厥田惟中下。厥赋贞⑩。作十有三载⑪，乃同⑫。厥贡漆、丝，厥篚织文⑬。浮于济、漯⑭，达于河⑮。

【注释】

①济：古代四渎之一，源出河南济源，汉代经河南武陟流入黄河，又向南流入山东。惟：是。兖（yǎn）州：在今河南、河北、山东境内。

②九河：泛指古兖州境内黄河下游的诸多河道。道：通，疏导。

③雷夏：大泽名。在今山东菏泽东北。泽：孔疏云："洪水之时，高原为水，泽不为泽。雷夏既泽，高地水尽，此复为泽也。"其说是。

④灉（yōng）、沮（jū）：二水名。都是黄河支流，源出今山东鄄城、荷泽二县之间，现已干涸。

⑤桑土：适宜种植桑树的土地。辛树帜《禹贡新解》说："《禹贡》上仅兖州之'桑土'及荆州之'云土'两土字，这是代表地貌的。这种'土'也似雍州的'原隰'，同是地貌名称。"可备一说。

⑥丘：考古资料证明，兖州的"丘"大都由人工在地势稍高的地方堆建而成，用于抵抗洪水。

⑦黑坟：一种含有黑色植物腐质肥料的灰棕壤。坟，肥土。

⑧繇（yóu）：抽，植物生长抽条。

⑨条：生长。

⑩贞：马廷鸾《六经集传》、金履祥《尚书表注》皆说"贞"为篆文"下下"之讹，可从。

⑪作：耕作。

⑫同：同于他州。

⑬篚（fěi）：圆形的竹筐。织文：有图纹的丝织品。

⑭浮：以船行水。漯（tà）：水名。古代黄河的支流，其故道从河南浚县东北流至山东，经滨县、利津一带入海。古代济水、漯水相通。

⑮达：通。

【译文】

济水和黄河一带是兖州。黄河下游众多河道已经疏浚畅通，雷夏洼地已汇成湖泽，灉水、沮水在此会合。土地已能够种植桑树，饲养家蚕，人们从躲避洪水所筑的高坡上搬下平地居住了。这一州的土壤是肥沃的黑土，长着茂盛的草木。这里的耕地列在第六等，赋税为第九等。该州经过十三年的农作耕耘，赋税才赶上其他各州。该州的贡物是漆和丝，还有装在圆竹筐里的染有各种美丽图纹的丝织品。进贡物品由船运经济水、漯水，直通黄河。

海、岱惟青州①。嵎夷既略②，潍、淄其道③。厥土白坟④，海滨广斥⑤。厥田惟上下。厥赋中上。厥贡盐、绨、海物惟错⑥，岱畎丝、枲、铅、松、怪石⑦，莱夷作牧⑧，厥篚檿丝⑨。浮于汶⑩，达于济。

【注释】

①海：渤海。岱：泰山。青州：今山东半岛，东北至辽宁东部。

②嵎（yú）夷：泛指古代东方少数民族。这里指居住在辽东的一部分少数民族。略：划定疆界。

③潍：潍河，源于今山东莒县北潍山。淄：淄河，源于今山东青州。

④白坟：浅色的肥沃土壤。指灰壤或浅色草甸土。

⑤斥：盐渍土。

⑥盐：海盐。绨（chī）：一种精细的葛织物。海物：
　鱼蟹一类可以食用的海产品。惟：与。错：治玉的
　磨砺石。

⑦岱畎（quǎn）：泰山的沟谷。丝：蚕丝。枲（xǐ）：
　雄株麻。铅：青白色矿石，可以加工用于绘画和涂
　饰。怪石：形状怪异的玉石。

⑧莱夷：活动在今山东半岛的夷人。作牧：向中央王
　朝贡献畜牧。

⑨檿（yǎn）丝：柞蚕丝。

⑩汶（wèn）：汶水，源出今莱芜东北，历泰安、宁
　阳，至东平入济水。

【译文】

　　渤海和泰山一带是青州。已治理好东北方的嵎夷族，
为其划定疆界，又疏导了潍水、淄水。这一州的土壤是肥
沃的白壤，沿海地区是广大的盐碱地。耕地列在第三等。
赋税则为第四等。该州的贡物是盐、细葛布、海产品以及
磨玉的砺石，并有泰山山谷所产丝、麻、铅、松、玉石，
莱夷族贡献的是畜产，还有装在竹筐子里的柞蚕丝。进贡
的船只由汶水直达济水，再由此驶入黄河。

　　海、岱及淮惟徐州①。淮、沂其乂②，蒙、羽其
艺③。大野既猪④，东原底平⑤。厥土赤埴坟⑥，草木
渐包⑦。厥田惟上中。厥赋中中。厥贡惟土五色⑧，
羽畎夏翟⑨，峄阳孤桐⑩，泗滨浮磬⑪，淮夷蠙珠暨
鱼⑫，厥篚玄纤缟⑬。浮于淮、泗，达于菏⑭。

【注释】

①淮：淮河。徐州：今山东南部、江苏、安徽北部。

②沂：沂水，源于山东沂水北。乂：治。

③蒙：蒙山，在山东蒙阴西南。羽：羽山，在今江西赣榆西南。非相传舜殛鲧之处。艺：种植。

④大野：钜野泽，在今山东巨野境内。猪：同"潴"，水停止、聚集。

⑤东原：在今山东泰安至东平一带。厎：致，成功。

⑥赤埴（zhí）坟：棕色的黏性肥土。埴，黏土。

⑦渐：逐渐生长。包：繁茂丛生。

⑧土五色：指青、红、白、黑、黄五种不同颜色的土，产于今江苏铜山、山东诸城一带。

⑨羽畎：羽山的山沟。夏翟：山雉，即长尾野鸡，其羽毛可作舞饰或旌旗上的装饰。

⑩峄（yì）：山名。在今江苏邳县。孤桐：特生的桐木，可用来制琴。

⑪泗：水名。源出今山东泗水县。浮磬（qìng）：一种石头。

⑫淮夷：甲骨文作"佳夷"，淮北之夷，在徐州之域。玭（pín）珠：蚌珠。

⑬玄：红黑色丝织物。纤：细。缟（gǎo）：白色丝织物。

⑭菏：水名。出今山东定陶西南。

【译文】

东边沿海，北边至泰山，南边至淮河之间的地域是徐州。淮水、沂水治理好了，蒙山、羽山地方也都可以耕种了。钜野泽汇积四方流水，东原地区的水患解除了。这一州的土壤是肥沃的棕色黏土，草木繁茂丛生。耕地列第二等，赋税则为第五等。该州贡物有五色土，羽山山谷中产的长尾野鸡，峄山以南的特产制琴良桐，泗水河畔的浮磬石，和淮夷族所献的珍珠及鱼产，还有用筐装着的赤黑色细缯和白色绸帛。进贡的船只从淮水经泗水，通于菏水，再由菏入济以达黄河。

淮、海惟扬州①。彭蠡既猪②，阳鸟攸居③。三江既入④，震泽底定⑤。篠荡既敷⑥，厥草惟夭⑦，厥木惟乔⑧。厥土惟涂泥⑨，厥田惟下下，厥赋下上上错。厥贡惟金三品⑩，瑶、琨、篠、荡⑪，齿、革、羽、毛⑫，惟木。岛夷卉服⑬，厥篚织贝⑭，厥包橘柚锡贡⑮。沿于江、海⑯，达于淮、泗。

【注释】

① 扬州：今淮水以南的今江苏、安徽两省境，江西、福建、浙江三省全境，及广东北部等。

② 彭蠡：长江北岸一个大湖泊或湖泊群，非今鄱阳湖。

③ 阳鸟：鸿雁一类的候鸟。攸居：安居。

④ 三江：指彭蠡泽以东长江及其支流诸水。

⑤ 震泽：太湖。底：致。

⑥ 篠（xiǎo）：箭竹。荡（dàng）：大竹。敷：布。这里指生长。

⑦ 夭：草木生长美盛的样子。

⑧乔：高。

⑨涂泥：黏质湿土。

⑩金三品：古代称铜为金，金三品即青铜、白铜、赤铜。

⑪瑶：美玉。琨：美石。

⑫齿：象牙。革：兽皮。羽：珍禽之羽。毛：同"旄"，旄牛尾。羽、毛皆指舞具。

⑬岛夷：指东海南海大小岛屿上的少数民族。卉服：草制的衣帽鞋类。卉，草的总名。

⑭织贝：织有贝纹的丝织品。

⑮包：包装。橘：橘子。柚：柚子。锡：赐予。

⑯沿：同"沿"。

【译文】

北起淮河，东南到海之间是扬州。彭蠡泽已汇聚了许多条水流，作为每年雁阵南飞过冬的休息地。彭蠡以东诸江之水已入于海，太湖水域也治理安定了。遍地生长着大小竹子，芳草美盛，乔木葱翠。这一州的土质属潮湿泥地，耕地列第九等，赋税则为第七等，有时杂出第六等。该州的贡物有青铜、白铜、赤铜，以及瑶琨美玉、大小竹材、象牙、皮革、鸟羽、旄牛尾，以及木材，还有岛夷族所献草织的衣帽鞋子、用筐子装着的绚丽的丝织贝锦，还有妥善包装的橘子、柚子。进贡船只沿着长江、黄海直达淮水和泗水，然后再沿徐州贡道进入黄河。

荆及衡阳惟荆州①。江、汉朝宗于海②，九江孔殷③，沱、潜既道④，云梦土作乂⑤。厥土惟涂泥，厥田惟下中，厥赋上下，厥贡羽、毛、齿、革，惟金三品，杶干栝柏⑥，砺砥砮丹⑦，惟箘簬楛⑧，三邦厎贡厥名⑨，包匦菁茅⑩，厥篚玄纁玑组⑪，九江纳锡大龟⑫。浮于江、沱、潜、汉，逾于洛⑬，至于南河⑭。

【注释】

①荆：荆山。此指今湖北南漳西的南荆山。衡阳：衡山之南。荆州：包括今湖北、湖南中部，及四川和贵州的一部分。

②江：长江。汉：汉水，发源于《禹贡》所称之嶓冢山。朝宗于海：顾颉刚《中国古代地理名著选读》第一辑说："从前诸侯见天子春见称朝，夏见称宗。这里是把海比作天子，江、汉比作诸侯，说江、汉合流以后归于大海。"

③九江：在今湖北黄冈地区广济一带。九，为虚数，非必是九条水。孔：甚，很。殷：众。

④沱：长江支流。潜：汉水支流。

⑤云梦：即云梦泽。孙诒让《周礼正义·职方氏》云："云梦一泽，水则潴为洞庭，郭景纯云巴丘湖是也。至于全薮陆地，则直跨今湖北汉阳、黄州、安陆、德安、荆州五府境。"其说是。

⑥杶（chūn）：椿树。干：柘木，可做弓。栝（kuò）：桧树。柏：柏树。

⑦砺：粗磨刀石。砥：细磨刀石。砮（nǔ）：可以做

箭镞的石头。丹：朱砂。

⑧箘簬（jùnlù）：竹名。可做箭杆。楛（hù）：木名。可做箭杆。

⑨名：指有名的特产。

⑩瓯（guǐ）：捆扎缠结。菁茅：有毛刺的茅草，宗庙祭祀时洒酒其上，以供神饮，称缩酒。

⑪玄：赤黑色的丝织物。纁（xūn）：黄赤色的丝织物。玑组：古人佩玉所系的带子。玑，珍珠类。组，丝带。

⑫纳：入。锡：赐予。

⑬洛：《史记》作"雒"，水名。源出陕西洛南，东至河南巩县入河，与陕西境内入渭的洛水非一。

⑭南河：河南洛阳、巩义一带的黄河。

【译文】

　　荆山到衡山南面的广阔地域是荆州。长江、汉水在此齐流奔腾入海，至九江地区流势很盛，长江的支流沱江、汉水的支流潜江都已疏浚通畅，云梦泽水域也已获得治理可以耕作。这一州的土壤也是潮湿的泥地，田地列第八等，赋税则为第三等。这一州的贡物有鸟羽、旄牛尾、象牙、兽皮，和黄铜、青铜、红铜，杶木、柘木、桧木、柏木，精粗两种磨刀石、砮镞石、朱砂，和菌竹、簬竹、楛木，州内诸地也献上当地名产，有捆扎起来专供宗庙祭祀缩酒用的菁茅、装在筐子里的赤黑色与黄赤色的丝织物，还有用来佩玉的绶带，更有九江所献祭祀用的神龟。进贡道路是先用船运经由江水及各支流沱水、潜水通汉水，然后登岸由陆路运达洛水，再进入黄河。

　　荆、河惟豫州①。伊、洛、瀍、涧既入于河②，荥波既猪③，导菏泽④，被孟猪⑤。厥土惟壤⑥，下土坟垆⑦，厥田惟中上，厥赋错上中，厥贡漆、枲、絺、纻⑧，厥篚纤纩⑨，锡贡磬错⑩。浮于洛，达于河。

【注释】

①豫州：在《禹贡》九州的中央，与青州之外其他七州相邻，又称"中州"。包括今河南黄河以南，湖北北部等地。

②伊：伊水。源出今河南卢氏。瀍（chán）：瀍水。源出今河南孟津西北谷城山，东入洛水。涧：涧水。源出今河南渑池，东流入洛水。

③荥波：又叫荥播，即荥泽。在今河南荥阳境内。

④菏泽：在今山东定陶，属古兖州，叙在此州，是因其水入于孟诸泽。

⑤被：覆被，溢漫。孟猪：即孟诸，在今河南商丘东北。

⑥壤：无块柔土。

⑦下土坟垆：辛树帜《禹贡新解》说："分布于豫州，与前述之坟皆为壤之下土即底层。许慎著《说文》释垆为黑刚土，土坚刚而色黑，或指分布于河南低地石灰性冲积土底层之深灰粘土与石灰结核；结核多者连接成层。今河南、山西、山东人民尚有称之为垆者，亦称沙姜，继为丘陵土与次生黄土所掩

盖。无论就地区所在言或就土层排列言，皆属符合。"

⑧枲（xǐ）：麻。绤（chī）：精细的葛织物。纻：纻麻。

⑨纤纩（kuàng）：细绵。

⑩锡贡：纳贡，进贡。锡，赐予。错：治玉之石。

【译文】

荆山到黄河之间是豫州。伊水、洛水、瀍水、涧水都已疏浚流入黄河，荥泽地域横溢之水也已汇集成湖，水大时，可疏通菏泽之水向南泻入孟诸泽。这一州的土壤是无块柔土，低下之处是黑色硬土，耕地列第四等，赋税是第二等，杂出第一等。该州的贡物有漆、麻、细葛布、纻麻，还有装在筐子里的细丝棉，和磨磬的砺石。贡道是由洛水船运至黄河。

华阳、黑水惟梁州①。岷、嶓既艺②，沱、潜既道，蔡、蒙旅平③，和夷厎绩④。厥土青黎⑤，厥田惟下上，厥赋下中三错。厥贡璆、铁、银、镂、砮、磬⑥，熊、罴、狐、狸织皮⑦。西倾因桓是来⑧。浮于潜，逾于沔，入于渭⑨，乱于河⑩。

【注释】

①华阳：华山的南面。黑水：顾颉刚说："今陕西城固县北有黑水，即《禹贡》梁州的黑水。《禹贡》是说自华山南西迄黑水，其南则为梁州，后人不明此义，依附孔传或者非驳孔传，都不可靠。"（《中国

历史地理名著选读》第一辑）梁州：今四川东部和陕西、甘肃南部，大概因为境内山势高、多山梁而得名。

②岷：岷山。在四川松潘境内，岷江所出。嶓（bō）：嶓冢山。在今陕西宁强东北。艺：种植。

③蔡：山名。叶梦得《尚书传》认为是四川雅安东南的蔡家山，胡渭《禹贡锥指》以为是峨嵋山，未知谁是，总之是四川境内一山。蒙：山名。在四川雅安北。旅：道路。

④和夷：少数民族名。和，水名。

⑤青黎：指四川青泥田、紫泥田及紫色土等土壤。

⑥璆（qiú）：黄金，梁州特产。镂：质地坚硬可用于刻镂的铁。

⑦罴（pí）：一种熊。狐：似犬而长尾。狸：小狐。织：兽毛粗织成的织物。皮：裘。

⑧西倾因桓是来：西倾，山名。在甘肃、青海交界处。桓，桓水，即今嘉陵江上游白龙江。《尚书校释译论·禹贡》以为此句与上文"和夷"句同叙少数民族，错简在此，当移至"和夷底绩"下，今从其说，但保留原文不动，译文移正。

⑨逾于沔（miǎn），入于渭：金履祥《尚书表注》谓经文有误，当作"入于沔，逾于渭"，极是。沔，沔水。汉水的上游。渭，渭水。源出今甘肃渭源，为黄河最大支流。

⑩乱：正面横渡。

【译文】

华山南面和黑水之间一带是梁州。岷山和嶓冢山治理后已可种植庄稼，江、汉两水的支津沱水、潜水都已疏浚，蔡山和蒙山的河道也都平治，和夷族等西南夷民已治理安定。西倾山一带的羌民也沿着桓水来交往了。这一州的土壤是青黎土，耕地列第七等，赋税为第八等，夹杂着七、九两等。该州贡物有黄金、铁、银、镂钢、砮磬石、磬石，以及熊、罴、狐、狸等用以制作衣裘的兽皮。贡道是先用船运经由潜水进入沔水，再登岸由陆路运至渭水，再横渡渭水直达黄河。

黑水、西河惟雍州①。弱水既西②，泾属渭汭③，漆、沮既从④，沣水攸同⑤。荆、岐既旅⑥，终南惇物⑦，至于鸟鼠⑧，原隰厎绩⑨，至于猪野⑩。三危既宅⑪，三苗丕叙⑫。厥土惟黄壤⑬，厥田惟上上，厥赋中下。厥贡惟球琳琅玕⑭。浮于积石⑮，至于龙门、西河⑯，会于渭汭⑰。织皮昆仑析支渠搜，西戎即叙⑱。

【注释】

① 西河：自壶口、龙门以南至风陵渡今晋西南的黄河河段，在今山西和陕西分界处。因在冀州之西，故名。雍州：今陕西中部、北部和甘肃大部分。

② 弱水：即今甘肃张掖河，源于今甘肃山丹，西流入居延海。

③泾：泾水。源出宁夏泾源。属：入也。渭汭：泾水流入渭水相交隈曲之处。

④漆：漆水。源出今陕西铜川东北境，南流至耀县与沮水相合，名石川河。沮：沮水。源出陕西黄陵，东南流黄陵南，又东流会漆水，名石川河，又东至富平东南入渭水。漆沮分流时为二水名，合流后成一水名。既从：指漆合于沮，沮合于渭。

⑤沣：沣水。发源于陕西户县终南山，北流入渭。攸：所。同：指沣与漆、沮同样入渭水。

⑥荆：荆山。非荆州之荆山，乃北荆山，在今陕西大荔东南朝邑西。岐：岐山。在今陕西岐山东北。

⑦终南：终南山。今陕西西安南五十里。惇物：胡渭《禹贡锥指》认为即太乙山的北峰武功山。可从。

⑧鸟鼠：山名。全称鸟鼠同穴山，在今甘肃渭源西南。伪《孔传》说："鸟鼠其为雄雌，同穴处此山，遂名山曰鸟鼠。渭水出焉。"

⑨原隰（xí）：本义是低下的湿地，郑玄说是地名，在今陕西旬邑、彬县一带。皆可通。

⑩猪野：又作"都野"，泛指雍州的湖泽、沃壤。

⑪三危：山名。《左传·昭公九年》杜预注："三危山在瓜州，今敦煌。"可从。宅：安定。

⑫丕：大。叙：顺。

⑬黄壤：其地本为黄土高原，故泛称黄壤。

⑭球：玉磬。琳：青碧色的玉。琅玕：山中所产的美石。

⑮积石：山名。今青海同仁、同德两县西南的阿尼玛卿山。

⑯龙门：山名。在今陕西韩城东北。

⑰渭汭：渭水入黄河处。

⑱织皮昆仑析支渠搜，西戎即叙：据《尚书校释译论·禹贡》之说，此十二字乃错简，"织皮"当移至"球琳琅玕"之下，"昆仑析支渠搜，西戎即叙"当在"三苗丕叙"下，今保留经文不动，译文移正。织皮，贡物之一。昆仑，族名。在今青海境内。与今日所谓昆仑山脉无关。析支，西戎族名。渠搜，地名。在今内蒙古鄂托克旗南故朔方城。西戎：居住在西方的少数民族。

【译文】

黑水到山陕界黄河之间是雍州地区。弱水疏通后向西流去，泾水疏通后流入渭水，漆水和沮水疏通会合后也流入渭水，沣水北流，同样入于渭水。荆山、岐山一带平治完毕，终南山、惇物山直到更西北的鸟鼠同穴山，无论平原还是湿地，都已得到治理，直至猪野泽这一肥沃的湖沼。三危山人们安居乐业，被逐迁移到此地的三苗也顺从了，西边的昆仑、析支、渠搜等西戎族民众也归于和顺。这一州的土壤是黄壤，田地列第一等，赋税第六等。该州贡物有玉磬、碧玉、琅玕，以及用来制衣裘的毛皮。贡道是从积石山附近的黄河到达龙门山、西河，南和渭水航道会于渭水入黄河之处。

导岍及岐①，至于荆山②；逾于河③，壶口、雷首，至于太岳④；底柱、析城⑤，至于王屋⑥；太行、恒山⑦，至于碣石，入于海⑧；西倾、朱圉、鸟鼠⑨，至于太华⑩；熊耳、外方、桐柏⑪，至于陪尾⑫。导嶓冢⑬，至于荆山⑭；内方⑮，至于大别⑯；岷山之阳，至衡山⑰，过九江⑱，至于敷浅原⑲。

【注释】

① 导：循行。此从胡渭《禹贡锥指》之说。岍（qiān）：山名。在今陕西陇县。

② 荆山：非荆州之荆山，乃为北荆山，在陕西大荔东南朝邑西。

③ 逾于河：屈万里《尚书集释》说："荆山东接黄河，一若山越河而过者，故云逾于河。"可从。

④ 太岳：山名。在今山西霍州东。

⑤ 底柱：即三门山，在今山西平陆东南。析城：山名。在今山西阳城。

⑥ 王屋：山名。在今河南济源西北，绵延至山西、河北。

⑦ 太行：山名。在今山西、河北、河南三省交界处。恒山：五岳中的北岳，在今河北曲阳境内。

⑧ 入于海：山势尽于海。

⑨ 西倾：山名。在今甘肃、青海交界处。朱圉：山名。在今甘肃甘谷。

⑩ 太华：即华山。在今陕西华阴南。

⑪熊耳：山名。在今河南卢氏。外方：山名。即今河南登封境内的嵩山，五岳的中岳。桐柏：山名。在今河南桐柏。

⑫陪尾：山名。即今湖北安陆的横山。

⑬嶓（bō）冢：山名。在今陕西宁强。

⑭荆山：即南荆山。在湖北南漳西。

⑮内方：山名。在湖北钟祥西南。

⑯大别：山名。即今鄂皖边界的大别山。

⑰衡山：荆州境内长江以南的一座大山。旧注多指为南岳衡山，胡渭《禹贡锥指》已驳之。

⑱九江：指湖北东部长江北岸广济一带的大江与有关之水。

⑲敷浅原：今江西庐山东南之高地。

【译文】

循行九州各山，首先沿着渭水北岸，从岍山、岐山，直至黄河西岸的北荆山；越过大河，从壶口山，经雷首山，直至太岳山；南循底柱山，东过析城山，直至王屋山；东北自太行山、恒山，直至碣石山，山势入于海中；又沿渭水南岸，从西倾山，经朱圉山、鸟鼠同穴山，直至华山；接着沿大河之南，循熊耳山、外方山、桐柏山，直至陪尾山。再沿汉水，从嶓冢山，直到南荆山；接着从内方山，直至大别山；又再次沿江水，从岷山之南蜿蜒以达衡山；接着过九江，直至敷浅原。

导弱水①，至于合黎②，余波入于流沙③。

【注释】
①导：按水系记录各水。

②合黎：山名。斜亘于今甘肃张掖、高台至天城一线的东北方，绵延三百余里，俗称要涂之山。

③余波：河的下游。流沙：泛指西北广大沙漠地区。

【译文】

弱水，西流到合黎山下，它的下游北流没入沙漠中。

导黑水，至于三危，入于南海①。

【注释】

①南海：相当于今青海。

【译文】

黑水，流至三危山，最后流入于南海。

导河积石，至于龙门，南至于华阴①，东至于底柱，又东至于孟津②，东过洛汭③，至于大伾④，北过降水⑤，至于大陆，又北，播为九河⑥，同为逆河⑦，入于海。

【注释】

①华阴：华山的北面。

②孟津：古代黄河渡口，在今河南孟津附近。

③洛汭：洛水入黄河处，在河南巩义东北。

④大伾：大伾山。在今河南浚县。

⑤降水：亦作"泽水"，源出今山西屯留方山。

⑥播：分散，分布。九河：古兖州境内黄河下游的诸
　多河道。

⑦逆河：海水涨潮时倒灌入河。逆，迎。

【译文】

河水，流至积石山，通达龙门，向南流至华山北面，向东流至底柱山，又向东流至孟津，东过洛水入河处，再往前流到大伾山，折而北流，经过降水入河处，再前流注入大陆泽，又自泽的东北流出，分散为九条河道，各河道下游入海口河段在涨潮时海水都会倒灌入河，最后都入渤海。

嶓冢导漾①，东流为汉，又东为沧浪之水②，过三澨③，至于大别，南入于江④，东汇泽为彭蠡，东为北江⑤，入于海。

【注释】

①漾：漾水，汉水上游。发源于嶓冢山。

②沧浪之水：原是楚国境内汉水的名称。《楚辞·渔父》歌曰："沧浪之水清兮，可以濯我缨。"这里指出自湖北丹江口至三澨所在地襄樊之间的汉水。

③三澨（shì）：胡渭《禹贡锥指》说："三澨当在淯水入汉处。一在襄城北，即大堤。一在樊城南，一在三洲口东，皆襄阳县地。"极是。

④南入于江：汉水过了湖北襄樊后，向东南流，过大别山西南麓后，向南注入长江。

⑤北江：长江下游，在彭蠡以东的一段，非指汉水。

【译文】

漾水，导源自嶓冢山，东流后称汉水。又东流称沧浪之水，再向前南流经过三澨，流入大别山，再南流入长江，又东流汇为彭蠡泽，东出为北江，流入东海。

岷山导江，东别为沱①，又东至于澧②，过九江，至于东陵③，东迆北会于汇④，东为中江⑤，入于海。

【注释】

①沱：长江支流皆称沱。这里指四川境内岷江东之水。

②澧：又作"醴"，今川东诸水以下，江西九江以上的长江河道所经过的一处湖沼。

③东陵：地名。九江以东，今安徽安庆、枞阳，彭蠡以西地区。

④迆（yǐ）：斜行。汇：水众多，回旋停蓄潴而成泽。

⑤中江：长江下游分道入海的三条支流之一。

【译文】

长江导源自岷山，又东边分出支流沱水，江水的主河道径自折而东流，直至澧水地带，然后流过九江，到达东陵；再自东陵东去，逶迤北流，会于彭蠡泽，然后自泽中再东出称为中江，最后入于东海。

导沇水①，东流为济②，入于河③，溢为荥④，东出于陶丘北⑤，又东至于菏⑥，又东北会于汶⑦，又北，东入于海⑧。

【注释】

①沇（yǎn）水：发源于王屋山，至河南武陟入黄河。

②东流为济：伪《孔传》说："泉源为沇，流去为济。"

③入于河：出于王屋山的济水南入黄河。

④溢：指黄河漫溢，形成荥泽。荥：荥泽，在今河南荥阳，汉代已淤平。

⑤陶丘：在今山东定陶。

⑥菏：即菏泽。在今山东菏泽一带。

⑦汶：汶水。在今山东东平入济水。

⑧东入于海：伪《孔传》说："北折而东。"

【译文】

沇水，向东流称为济水，流入黄河，接着越过黄河向南溢出为荥泽，再东流过陶丘的北面，又向东会于菏泽，继向东北流与汶水相合，又向北流，最后折向东流入大海。

导淮自桐柏①，东会于泗、沂，东入于海。

【注释】

①淮：淮河。

【译文】

淮河，自桐柏山开始，东流会合泗水和沂水，向东流入大海。

导渭自鸟鼠同穴，东会于沣，又东会于泾，又东过漆、沮①，入于河。

【注释】

①漆、沮：二水名。与上沣、泾二水都注入渭水下游。

【译文】

渭水，导源自鸟鼠同穴山，向东流与沣水会合，再向东流至泾水入渭处，又东流经过漆、沮二水入渭处，注入黄河。

导洛自熊耳①，东北会于涧、瀍，又东会于伊②，又东北入于河③。

【注释】

①洛：《史记》作"雒"，源出今陕西洛南。熊耳：山名。在今陕西洛南西南，与前文所述"熊耳、外方、桐柏"之"熊耳"非一山。

②"东北"两句：即"豫州"节的"伊洛瀍涧既入于河"。

③东北入于河：洛水东会伊水后，又东经河南巩义南，又东北流至洛口入黄河。

【译文】

洛水，导源自熊耳山，向东北流与涧水、瀍水会合后，又向东流会合伊水，再东北流入黄河。

九州攸同①，四隩既宅②。九山刊旅③，九川涤源④，九泽既陂⑤，四海会同⑥。六府孔修⑦，庶土交征⑧，厎慎财赋⑨，咸则三壤⑩，成赋中邦⑪。锡土姓⑫，祗台德先⑬，不距朕行⑭。

【注释】

①九州：即上文的冀、兖、青、徐、扬、荆、豫、梁、雍九州。攸：所。

②四隩（ào）：即"四奥"，四方地境。宅：居。

③九山：与下文"九川"、"九泽"均泛指九州的山川林泽。刊：辟除。旅：道。

④涤：清除，疏通到达。

⑤陂（bēi）：堤坝。

⑥四海会同：天下统一。

⑦六府：掌管贡赋税收的六个府库。孔：甚，很。修：治。

⑧庶土：泛言九州众多的土地。交征：勘定各州土地质量以供征税。

⑨厎慎财赋：伪《孔传》云："致所慎者，财货贡赋，言取之有节，不过度。"厎，致，获得。慎，谨。

⑩咸：皆。则：法。三壤：土壤分为上中下的三品九等。

⑪成赋：交纳赋税。中邦：指九州。蔡沈《书集传》说："盖土赋或及于四夷，而田赋则止于中国而已，故曰成赋中邦。"即赋税仅限于九州。其说可从。

⑫锡土姓：分土赐姓，建立各方国。《左传·隐公八年》："天子建德，因生以赐姓，胙定土而命之氏。"锡，赐予。

⑬祗（zhī）：敬。台（yí）：以。

⑭距：通"拒"，违抗。朕：我。

【译文】

九州疏导工程都顺利完工，四方境内都可以安居了。九州的山大都斩木通道了，九州的大河也都已疏通了，九州的湖泽也大都修筑堤防了，四海之内统一一致了。掌收贡赋的六府运转良好，九州的土地都可征收赋税了，但必须谨慎有节，依据上中下三种土地肥瘠为准则来定税额。然后封土赐姓，建立方国，强调要敬修德业，不违背天子所定的原则。

五百里甸服①：百里赋纳总②，二百里纳铚③，三百里纳秸服④，四百里粟，五百里米。五百里侯服⑤：百里采⑥，二百里男邦⑦，三百里诸侯⑧。五百里绥服⑨：三百里揆文教⑩，二百里奋武卫⑪。五百里要服⑫：三百里夷⑬，二百里蔡⑭。五百里荒服⑮：三百里蛮⑯，二百里流⑰。

【注释】

①甸服：在天子领地上服各种劳役。甸，指王田，天子的领地。本文将大禹时代国都以外划分为五等，每一等四方各距离五百里，国都以外第一等为甸服。《国语·周语上》："夫先王之制，邦内甸服，邦外侯服，侯卫宾服，夷蛮要服，戎狄荒服。"

②纳总：把庄稼连根拔起连带壳穗和禾茎成捆交给官府。总，把禾束成一捆。

③纳铚（zhí）：入贡禾穗。铚，农具，短镰。割下的庄稼要用短镰削下穗头，故以镰代称穗。

④秸服：《经典释文》引马融说："秸，去其颖。"颖即禾茎的尖端芒毛，去掉颖即为谷实。服，疑为衍文。

⑤侯服：在甸服之外五百里范围，为五服第二等，距王都一千里。

⑥采：这里指卿大夫邑地。

⑦男邦：蔡沈《书集传》说："男邦，男爵小国也。"比卿大夫等级稍高。

⑧诸侯：蔡沈说："诸侯之爵大国。"是比"男"更大的封国。

⑨绥服：侯服之外五百里，距王都一千五百里。绥，安。

⑩揆文教：掌管文教事务的官员。揆，官。这里用作动词，管理。

⑪奋武卫：振兴武力，保卫国家

⑫要服：绥服之外五百里，距王都二千里。要，蔡沈《书集传》说："要者取要约之义，特羁縻之而已。"

⑬夷：易。指移风易俗。

⑭蔡：散。指自由迁徙。

⑮荒服：要服以外五百里，距王都二千五百里，是最远的一服。取其地荒远、政教荒忽之义。

⑯蛮：与上"夷"对文。按照蛮夷之习对待。

⑰流：与上"蔡"对文。流放、散乱，即放任之意。

【译文】

规定天子国都以外五百里的地域称甸服：距离国都

一百里内的要缴纳连着秸穗的整捆的禾，二百里内的要缴纳禾穗，三百里内的要缴纳去掉了秸芒的穗，四百里内的要缴纳谷粒，五百里内的要缴纳细米。甸服以外五百里的地域称侯服：近百里以内的为采地，二百里以内的为男爵地，其余三百里地封诸侯。侯服以外五百里的地域称绥服：其中内三百里地区着力发扬文教，外二百里地区奋力发展国防。绥服以外五百里的地域称要服：其中内三百里地区要逐步改变风俗，外二百里地区则任其自由迁徙。要服以外五百里的地域称荒服：其中内三百里地区要因俗治理，减省礼节，外二百里地区则无须贡纳。

东渐于海①，西被于流沙②，朔南暨③，声教讫于四海。禹锡玄圭④，告厥成功。

【注释】

①渐：浸入。

②被：及。流沙：古人心中西边最遥远之地。

③朔：北。暨：及也。

④禹锡玄圭：《史记》作"帝锡禹玄圭"，指禹被天帝（或尧舜）赐玄圭。玄圭，玄色的瑞玉。

【译文】

东面到大海，西面达沙漠，南北及于极远之地，华夏的声威教化遍及四海九州。于是上帝赏赐给禹玄色的美玉，用以向普天之下宣布治水成功，天下大治。

甘 誓

　　《史记·夏本纪》说:"夏后帝启,禹之子,其母涂山氏之女也。有扈氏不服,启伐之,大战于甘。将战,作《甘誓》。"据此,可知《甘誓》是夏王启与有扈氏在甘地作战前的誓师词。

　　值得注意的是,《墨子·明鬼》篇引载了一篇《禹誓》,也是关于征伐有扈氏的内容,只不过训誓的不是启,而是禹,这种歧异说明了伐有扈氏是一个历史传说,经春秋战国时期发生了演变分化,儒、墨两家都对之进行了粉饰和改造。

大战于甘①，乃召六卿②。

【注释】

①甘：地名。在今河南洛阳。

②六卿：郑玄说："六卿者，六军之将。"六卿为六军的领军，一卿统领一军。但六卿之名晚出，此恐是经过后人窜改。《墨子·明鬼》篇云："王乃命左右六人。"更接近实际。

【译文】

在甘地将要大战，夏王启召集左右几位卿相大臣。

王曰①："嗟②！六事之人③，予誓告汝。有扈氏威侮五行④，怠弃三正⑤，天用剿绝其命⑥。今予惟共行天之罚⑦。左不攻于左⑧，汝不共命⑨；右不攻于右⑩，汝不共命；御非其马之正⑪，汝不共命。用命⑫，赏于祖⑬；不用命，戮于社⑭。予则孥戮汝⑮！"

【注释】

①王：指夏王启。

②嗟：叹词。

③六事之人：六卿及下属军官和士兵。

④有扈氏：即东夷部落的"九扈"，其地当在今河南郑州以北黄河北岸原武一带。威侮：轻慢，打击。五行：天上五星的运行，代表天象、天命。

⑤怠弃：厌弃。三正：王朝大臣长官。正，官长。

⑥用：因此。剿：灭绝。

⑦惟：发语词。共：通"恭"，恭奉。

⑧左：郑玄说："左，车左。右，车右。"战国时代一辆战车上有兵士三人，左方主射，右方击刺，中间为驾车之人。攻：善，治。

⑨共命：即恭命。

⑩右：车右，主击刺的勇士。

⑪御：驾战车的士兵。正：治，技术。

⑫用：执行。

⑬祖：祖庙。

⑭戮：杀。社：神坛，神庙。

⑮予则孥（nú）戮汝：此五字顾颉刚、刘起釪《尚书校释译论·禹贡》认为是从《汤誓》抄入，应该删去，其说可从。孥戮，受刑辱。孥，同"奴"，奴隶。戮，辱，惩罚。

【译文】

王说："啊！诸位将领，我发布誓词告诉你们。有扈氏上不敬天象，下不敬朝臣，上天因此要灭绝他的享国大命。现在我奉行上天的这种惩罚。所有战车左边的战士，要是不好好完成左边的战斗任务，就是不奉行命令；战车右边的战士，要是不好好完成右边的战斗任务，也是不奉行命令；驾御战车的战士，要是不能胜任御车技术，也是不奉行命令。奉行命令的，胜利后在祖庙里给予嘉奖；不奉行命令的，就把你们在社坛里杀掉！"

商　书

汤　誓

　　《史记·殷本纪》载："夏桀为虐政淫荒，而诸侯昆吾氏为乱。汤乃兴师率诸侯，伊尹从汤，汤自把钺以伐昆吾，遂伐桀。……以告令师，作《汤誓》。"可知《汤誓》是商王汤讨伐夏桀作战前的誓师词。

　　本篇重点叙述了商汤对夏桀罪行的控述，及其打着"致天之罚"即替天行道的旗号誓师灭夏的决心。春秋战国时期儒墨等诸多学派托古造说，各自引述了《汤誓》，也出现过不同传本。本篇成书最迟不会晚于战国早期。

王曰①:"格尔众庶②,悉听朕言。非台小子敢行称乱③,有夏多罪④,天命殛之⑤!

【注释】

①王:指商汤。

②格:告。尔:汝,你们。众庶:诸位。

③台(yí):我。小子:对自己的谦称。称:举,发动。

④有夏:即"夏","有"为语助词。

⑤殛(jí):诛杀。

【译文】

王说:"警告你们诸位,都要听我讲话。不是我胆敢犯上作乱,实在因为夏王的罪孽太重,上帝命令我去诛灭他。

"今尔有众,汝曰:'我后不恤我众①,舍我穑事而割正夏②?'予惟闻汝众言,夏氏有罪,予畏上帝③,不敢不正。

【注释】

①后:君主。指汤。恤:体恤。

②舍:废。穑(sè)事:农事。割:当作"害","害"又通"曷",为什么。正:通"征",征伐。

③上帝:天,天命。

【译文】

"现在你们中也许有人会说:'我们的君王不体恤我们大众,荒废了农事,为什么要去征伐夏朝呢?'我虽听了这些话，但夏王有罪，我畏惧天命的威严，不敢不去征伐。

"今汝其曰^①：'夏罪其如台^②？'夏王率遏众力^③，率割夏邑^④，有众率怠弗协^⑤。曰：'时日曷丧^⑥？予及汝皆亡^⑦！'夏德若兹^⑧，今朕必往。

【注释】

①其：将。

②如台（yí）：奈何，如何。

③率：语首助词，无意义。遏：同"竭"，竭尽。

④割：通"害"，祸害。邑：都邑。

⑤有众：即"众"，民众。怠：疲怠。协：和。

⑥时：通"是"，这。日：古代帝王常自称天帝之子，
    故以日比君主。此处用以喻夏王桀。曷：何时。

⑦皆：都，一起。

⑧兹：此。

【译文】

"现在你们大概会问：'夏王到底犯了什么大罪啊？'夏王搜刮耗尽了民力，为害于夏国，使广大百姓危困而不愿拥护。他们咒骂夏王说：'你这个太阳什么时候完蛋啊？我恨不得和你一起灭亡！'夏王的德性坏到这样，现在我必须前往征伐。

"尔尚辅予一人^①，致天之罚^②，予其大赉汝^③。尔无不信，朕不食言^④。尔不从誓言，予则孥戮汝^⑤，

罔有攸赦。”

【注释】

①尚：倘若。予一人：甲骨文、金文、古籍中常见的
君主自称之词。

②致：送，至。

③其：则，就。赉（lài）：赏赐。

④食言：没有信用，不履行诺言。

⑤拏戮：受刑辱。

【译文】

"倘若你们肯辅助我，完成上帝对夏朝的惩罚，我就
大大地赏赐你们。你们不要不相信我的话，我决不食言。
如果你们不服从我的誓言，我就让你们受刑辱，决不放过
一个！"

盘　庚

　　《盘庚》分上中下三篇，主要是汤十世孙商王盘庚在迁都时对臣民三次讲话的记录。《史记·殷本纪》载："帝盘庚之时，殷已都河北，盘庚渡河南，复居成汤之故居，乃五迁，无定处。殷民咨胥皆怨，不欲徙。……乃遂涉河南，治亳，行汤之政，然后百姓由宁，殷道复兴。"可见，迁都过程曾遭到民众的强烈反对。本篇详细记述了盘庚对民众苦口婆心的劝导。但仔细阅读会发现，原上中下三篇所排列顺序和盘庚说话情境不一致，清儒俞樾《群经平议》认为按照实际情况，原来的中篇应该为上篇，下篇宜为中篇，上篇宜为下篇，如此才能符合"未迁"、"始迁"、"迁后"的顺序。今同意俞说，调换了正文顺序，以方便读者阅读。

　　本篇是研究殷商时期政治情况的重要文献，但较为难懂，所谓诘屈聱牙，可能是由于当时口语的时代久远、不易理解造成的。

一

盘庚作①，惟涉河以民迁②。乃话民之弗率③，诞告用亶④。其有众咸造⑤，勿亵在王庭⑥。

【注释】

①盘庚：商王名，汤第十世孙，商王朝第二十任君主。作：兴起，登位。

②惟：谋划，打算。涉：渡。盘庚自奄（今山东曲阜）迁殷（今河南安阳），需要渡过黄河。

③话：告诉。率：遵循。

④诞：语首助词，无意义。亶：诚。

⑤其：那些。有众：指那些不从命迁居的人。咸：都，皆。造：至。

⑥亵：轻慢。王庭：宫廷大门内的大廷。

【译文】

盘庚登上王位，决定渡过黄河，率领百姓迁徙过去。于是，召集了那些反对迁都的臣民，准备诚恳地劝导他们。这些人都来到王庭，恭敬地等候着。

盘庚乃登进厥民①，曰："明听朕言②，无荒失朕命③！呜呼！古我前后罔不惟民之承保④，后胥慼鲜⑤，以不浮于天时⑥。殷降大虐⑦，先王不怀厥攸作⑧，视民利用迁⑨。汝曷弗念我古后之闻⑩？承汝俾汝⑪，惟喜康共⑫；非汝有咎⑬，比于罚⑭。予若吁怀兹新邑⑮，亦惟汝故，以丕从厥志⑯。

①登进：升进，走上前。

②明：通"勉"，努力，尽力。

③荒失：轻忽，不重视。荒，忘。失，通"佚"，轻忽。

④前后：先王。承保：拯救，保护。承，应。

⑤后：厚。胥：相。戚：惠。鲜：善。

⑥浮：同"拂"，违背。

⑦殷：通"慇"，痛。大虐：大灾害。旧注多说是水患，也有说是政治、军事危机。

⑧怀：留恋。厥：其。攸：所。作：为。这里指营造建筑等。

⑨视：为了。用：而。

⑩曷：如何。古后：先王。闻：勤勉。

⑪承：承保。俾：保。

⑫康：安乐。共：巩固。

⑬咎：罪过。

⑭比：相同。

⑮若：句中助词，无意义。吁：叫唤，呼喊。新邑：指新的殷邑，在今河南安阳。

⑯丕：大。从：顺。

【译文】

盘庚于是召唤他们到面前，说道："你们留心听我的话，不要掉以轻心！啊！过去我们先王没有一个不是顾全民众的，先王那样惠爱民众，所以能够顺应天时。每当老天降下大灾，先王并不留恋他们亲手缔造的宗庙都邑，总是根据民众的利益实行迁徙。你们为什么不去想想先王这种勤勉呢？我也是为了保护大家，让大家生活安好，并不是像惩罚有罪的人那样对待你们。我之所以呼吁大家到那个新都去，也正为了你们自己的利益，是为了服从和满足大家广泛的心愿。

"今予将试以汝迁^①，安定厥邦。汝不忧朕心之攸困^②，乃咸大不宣^③，乃心钦^④，念以忧动予一人^⑤。尔惟自鞠自苦^⑥！若乘舟^⑦，汝弗济^⑧，臭厥载^⑨。尔忱不属，惟胥以沉^⑩。不其或稽^⑪，自怒曷瘳^⑫？

【注释】

①试：用。

②攸：所。

③咸：皆。宣：明白。

④乃：你的。钦：忧惧。

⑤念：思。忱：诚意。

⑥惟：只。鞠：困穷。

⑦乘：载。

⑧济：渡过。

⑨臭：朽败。载：指旅行所乘工具。这里指船。

⑩胥：同"皆"，都。

⑪不其或稽：一点也不考虑到。

⑫瘳（chōu）：病愈。引申为好处。

【译文】

"现在我要把你们迁过去，使我们国家安定。但是你们不能体会我的苦处，却反而都更糊涂，更惊慌起来，想用你们的私心来改变我的决定。你们这是自取困穷，自取苦恼！就像乘船，你们上去了后就不动，那是坐待船只朽败。如果这样，不但你们自己要淹死，连我们也要一起送命了。你们根本不考虑这点，只是一味怨恨，能得到什么好处？

"汝不谋长①，以思乃灾②，汝诞劝忧③。今其有今罔后④，汝何生在上⑤！

【注释】

①谋：计划。

②乃：你，你们。

③诞：大。劝：助。

④有今罔后：有今天，没有明天。意谓只顾现在，不顾将来。

⑤上：上帝，上天。

【译文】

"你们不做长远打算，来考虑不迁都的灾害，简直是在大大地制造忧困。你们只想苟且地过了今天就好，不管明天怎样，上帝怎会留给你们活路！

"今予命汝，一无起秽以自臭①，恐人倚乃身②，迁乃心③。予迓续乃命于天④，予岂汝威⑤！用奉畜汝众⑥。

【注释】

①一：皆，都。无：不要。秽：脏东西。臭：嗅。

②倚：同"掎（jǐ）"，偏邪，牵掣。

③迁：同"污"，污秽。

④逆（yà）：迎接。续：继续。

⑤汝威：宾语前置，即"威汝"。威，威胁。

⑥用：以。奉：养，供养。畜：养。

【译文】

"现在我告诉你们，一点也不要散布谣言，自找麻烦，弄臭自己，以免恶人歪斜，污秽你们的身心。我是要把你们的生命从上帝那里迎接回来，哪里是用威势压迫你们呢！我为的是帮助、养育你们。

"予念我先神后之劳尔先①，予丕克羞尔②，用怀尔③。然④！失于政，陈于兹⑤，高后丕乃崇降罪疾⑥，曰：'曷虐朕民？'汝万民乃不生生⑦，暨予一人猷同心⑧，先后丕降与汝罪疾，曰：'曷不暨朕幼孙有比⑨，故有爽德⑩？'自上其罚汝⑪，汝罔能迪⑫。

【注释】

①先神后：先后，先王。神，是美称。劳：动。尔：你们的。

②丕：大。克：能够。羞：进献食物。这里可理解为

"养"。

③怀：思念，记挂。

④然：是这样的。

⑤陈：延。兹：这。代指旧都。

⑥高后：先王。丕乃：于是。丕，语气词，无意义。崇：重。

⑦乃：若，如果。生生：尽力搞好谋生之事。上"生"字用作动词，下"生"字乃名词。

⑧暨：与。猷（yóu）：有。

⑨朕：指先王。幼孙：盘庚称自己为先王的幼孙。比：同。

⑩故：却。爽：贰，差。

⑪自上：先王在天之灵。其：将。

⑫迪：逃。

【译文】

"我想起我们的先王曾辛劳过你们的先人，我要好好养育你们，时刻记挂你们。是这样的啊！可是因为没处理好政务，到现在还住在这有灾难的地方，先王就重重地降下责罚，说道：'你为什么要这样虐待我的民众？'若是你们大家不肯去努力追求美好的生活，和我同心同德，先王便要重重地惩罚你们，说道：'你们为什么不和我的幼孙同心协力，却对他存有贰心呢？'所以你们一旦犯错，上帝就决不会饶恕你们，你们也根本没办法可以逃避。

"古我先后既劳乃祖乃父，汝共作我畜民①。汝有戕则在乃心②，我先后绥乃祖乃父③；乃祖乃父乃断弃汝，不救乃死！兹予有乱政同位④，具乃贝玉⑤，乃祖乃父丕乃告我高后曰⑥：'作丕刑于朕孙⑦！'迪高后丕乃崇降弗祥⑧！

【注释】

①共作：都作为。畜民：即上文"奉畜汝众"之"众"。

②戕（qiāng）：毁伤。则：通"贼"，贼害。

③绥：停止。

④乱政：乱政之人。同位：在位。

⑤具：具备，供置。乃：助词，无意义。贝玉：泛指钱物。贝，商代多用贝壳作为货币。

⑥高后：辈分较老的先王。

⑦丕刑：大刑。朕孙：指"乱政同位"者。

⑧迪：句首助词，无意义。丕乃：于是。崇：重。弗祥：一作"不永"，不长，即有灭顶之灾的意思。

【译文】

"我们的先王已经使用、辛劳过了你们的先祖先父，你们当然都是我所蓄养的臣民。倘使你们心中存有恶毒的想法，我的先王一定会撤除你们的先祖先父们在上天所供奉的职役；你们的先祖先父也必随之弃绝你们，不管你们的死活了。现在你们在位官员中有乱政的人，只知道贪污财宝，你们的先祖先父于是竭力请求先王说：'快给我们的子孙用大刑吧！'于是先王就降下大灾害来了，使你们不能长久生活在这里。

"呜呼！今予告汝不易①！永敬大恤②，无胥绝远③！汝分猷念以相从④，各设中于乃心⑤！乃有不吉不迪⑥，颠越不共⑦，暂遇奸宄⑧，我乃劓殄灭之⑨，无遗育⑩，无俾易种于兹新邑⑪！

【注释】

①不易：迁都的计划不会改变。

②敬：重视。恤：忧。

③无：不要。胥：相互。绝远：很远。引申为疏远。

④分（fèn）：本分，应当如此的意思。猷（yóu）念：即"念"，心中的打算。

⑤设：合。

⑥迪：善。

⑦颠越：高低，横竖。颠，自上往下堕。越，向上逾越。

⑧暂：通"渐"，诈欺。遇：通"愚"，奸邪。

⑨劓（yì）：断割。

⑩育（zhòu）：古代帝王与贵族的后裔。

⑪易：延，传播。

【译文】

"啊！现在我告诉你们，迁都计划决不改变！你们对我所忧虑的事情，应当有所体恤，不要漠然！你们应当把自己的心态摆正，跟我一同打算！如果有坏人横竖也不肯听命，奸诈邪恶，为非作歹，我就要把他杀掉，不留下后患，不让一个他们的孽种遗留在新都之中！

"往哉，生生^①！今予将试以汝迁，永建乃家。"

【注释】

①生生：自营其生。

【译文】

"去吧，好好地去生活吧！现在我要把你们迁过去了，建立你们永久的好家园。"

二

盘庚既迁^①，奠厥攸居^②。乃正厥位^③。

【注释】

①既：已。

②奠：定。

③正厥位：辨正宗庙方位。正，辨正。

【译文】

盘庚迁到新都之后，安排好臣民的住所，确定宗庙宫室的方位。

绥爰有众^①，曰："无戏怠^②，懋建大命^③！今予其敷心腹肾肠^④，历告尔百姓^⑤：于朕志^⑥，罔罪尔众^⑦，尔无共怒^⑧，协比谗言予一人^⑨。

【注释】

①绥：告。爰：于。有众：即"众"，众人。

②怠：通"怡"，逸乐。

③懋：勉。大命：受自上天的民命、国命等。

④其：将。敷心腹肾肠：如今天所说"掏心窝子"，即诚信讲话。敷，展，公布。

⑤历：尽，遍。百姓：百官族姓。

⑥于朕志：在我心里。

⑦罔：无，不。

⑧共：承受。

⑨比：勾结在一起。

【译文】

告诫众官员说："不要贪图享乐，要努力继承天命，重建家园！现在我掏心窝子和你们百官讲心里话：在我的心里，已经不责怪你们了，你们也不要抓住以前的怨怒，勾结在一起讲我的坏话。

"古我先王将多于前功①，适于山用降我凶，德嘉绩于朕邦②。

【注释】

①先王：指盘庚前代曾经迁都的君主。将：意欲。

②德：当作"循"，遵循。嘉：美好。

【译文】

"从前我们先王要发扬光大前人的功业，迁到高地避免灾害，在都邑里遵循维系着前代业绩。

　　"今我民用荡析离居①，罔有定极②。尔谓朕：'曷震动万民以迁？'肆上帝将复我高祖之德③，乱越我家，朕及笃敬共承民命④，用永地于新邑。

【注释】

①用：则。荡析：动荡离散。

②极：止。

③肆上帝：相当于"老天爷"。肆，为助词。高祖：与上文"高后"同指辈分较老的先王。德：德业。

④及：同"汲"，努力进取的样子。笃：厚。承：通"拯"，拯救。

【译文】

　　"近来，我的子民却因洪水肆虐而动荡离散，简直没有尽头。你们反倒问我：'为什么要惊动万民来迁都啊？'这是因为天帝要恢复我们祖宗的业绩到我们这一代，我虔诚地敬奉上帝旨意来拯救民命，这样才能永远安居在这新的都邑里。

　　"肆予冲人①，非废厥谋，吊由灵各②；非敢违卜③，用宏兹贲④。

【注释】

①肆：发语词，无意义。冲人：犹上文所云"小子"，年幼的人，多为古代帝王自谦的谦词。

②吊：古"淑"字，善。灵各：即"灵格"，通晓鬼神

及天命的神灵。

③违卜：原《盘庚》上篇（见下）群臣根据卜兆反对迁都，这里说"非敢违卜"，却又迁都了，是因为第二次又改用了神龟占卜，得出迁都吉利的象，所以盘庚才执意要迁。

④宏：发扬。贲（fén）：占卜用的大宝龟。

【译文】

"我不是不理会反对者的意见，而是由于神灵暗示我们迁居的好处；我并非敢于违背占卜，我是在发扬神龟的吉示。

"呜呼！邦伯、师长、百执事之人①，尚皆隐哉②！予其懋简相尔③，念敬我众。朕不肩好货④，敢共生生⑤，鞠人谋人之保居叙钦⑥。今我既羞告尔⑦，于朕志若否⑧，罔有弗钦⑨。无总于货宝⑩，生生自庸⑪。式敷民德⑫，永肩一心⑬。"

【注释】

①邦伯：也叫方伯，指四方诸侯。师长：武官之长。百执事之人：王朝的各官吏。

②尚：心中所希望。隐（yìn）：依，依靠占卜的灵验。

③其：将。懋：勉。简：选择。相：考察。

④肩：杨树达《积微居读书记》说乃"屑"之误，可从。

⑤生生：从事营生之事。

⑥鞠：养。叙钦：铨叙，进用。

⑦羞告：同"献告"，即"告"。

⑧若：顺，顺从。

⑨罔：毋。钦：敬。

⑩无：毋。总：积聚。

⑪庸：杨筠如《尚书覈诂》疑通"封"，厚也。可从。

⑫式：语助词，无义。敷：散布。

⑬肩：通"洁"。

【译文】

"啊！各方国的诸侯、军事长官及王朝各级官吏们，希望你们依从占卜！我将要严肃考察你们，看谁能重视、照顾民众。我不屑于聚敛财富，孜孜于一己的家业的行为，只会尊敬、任用那些能养育百姓和为百姓谋安居的人。现在我既已宣告你们，对我的意志，无论你们同意与否，都不得不遵从。你们不要积聚财富，孜孜于加厚自己的家产。要使老百姓得到实惠，时刻保持心灵的洁净。"

三

盘庚迁于殷①，民不适有居②。率吁众戚出矢言③。曰："我王来④，既爰宅于兹⑤，重我民⑥，无尽刘⑦。不能胥匡以生⑧，卜稽曰其如台⑨？先王有服⑩，恪谨天命⑪，兹犹不常宁⑫；不常厥邑⑬，于今五邦⑭。今不承于古⑮，罔知天之断命⑯，矧曰其克从先王之烈⑰！若颠木之有由蘖⑱，天其永我命于兹新邑⑲，绍复先王之大业⑳，厎绥四方㉑。"

【注释】

①殷：地名。即今河南安阳小屯殷墟。

②迁：悦，满足。有：语助词。居：都。

③率：因此。吁：呼。戚：贵戚近臣。矢言：即"誓言"。

④我王：指盘庚。来：自奄地迁至于殷。

⑤爰：助词，无意义。宅：居住。兹：此。此处指殷。

⑥重：重视。

⑦刘：杀害。引申为死。

⑧胥：相互。匡：救助。

⑨卜：占卜。稽：考，问。其如台（yí）：将如何。

⑩服：官事。

⑪恪：敬，谨，勤。

⑫宁：安。

⑬不常厥邑：倒装，即"厥邑不常"。邑，国都。

⑭五邦：五次迁都。

⑮承：继也。

⑯罔知天之断命：杨树达《积微居小学金石论丛》说："罔知者，古人成语，犹今人言'不保'、'难保'。此文意言今不承于古，则不保天之将断绝其命。"

⑰矧（shěn）：何况。烈：光。指先王的功业。

⑱颠：仆倒。由蘖（niè）：倒断的树木重新生长出来的萌芽。由，树木生枝条，萌生。蘖，伐木所断的地方再生萌芽。

⑲永：长。

⑳绍：继续。

㉑厎：致。绥：安。

【译文】

盘庚迁都到殷地以后，臣民们不喜欢这个地方。他于是召唤了许多贵戚大臣，叫他们转达誓言来晓谕民众，说："我们的君王来到这里，让大家安居在这个好地方，为的是重视你们，不让你们死在旧都。但一时还没有能在生活上互相帮助，就占了卜，卜辞说为什么会这样啊？先王有老规矩，就是敬遵天命，因此他们不敢贪图安逸；不老是赖在一个地方住，建国以来已迁徙过五次国都了。现在若不依照先王的前例，那就难保上天要断绝我们的天命，怎么还能谈得上继续先王功业呢！就像倒断的树木可以发出新的枝芽一样，老天要把我们迁移到新都，是要让我们长久地成长在这里，从此复兴先王的伟大功业，把四方都安定下来啊！"

盘庚敩于民由乃在位①，以常旧服正法度②，曰："无或敢伏小人之攸箴③！"王命众悉至于庭④。

【注释】

①敩（xiào）：觉察到。在位：指贵戚大臣。

②旧服：旧的法制。正：整顿。

③无：毋。或：有。伏：隐匿。小人：平民。攸：所。箴：规诫。

④众：众多官员。悉：尽，都。庭：中廷。

【译文】

盘庚察觉到了民众的厌恶情绪都是由于官员们的煽动，决定用旧有法制去整顿法度，就对他们说："谁也不准隐匿我规诫百姓的话！"又命令了许多官员都到朝廷上来。

王若曰①："格汝众②，予告汝训汝③，猷黜乃心④；无傲从康⑤。

【注释】

①王若曰：王这样说。是殷周史臣记载王讲话时的开头用语。
②格：告。
③训：教。
④猷：通"由"，用，以。黜：除去。乃：你们的。
⑤无：毋。从：同"纵"，放纵。康：安逸。

【译文】

王这样说："我告诉你们，我不断告诫、训导你们，应当辟除自己的私心；不要傲慢放纵，放纵享乐。

"古我先王亦惟图任旧人共政①。王播告之②，修不匿厥指③，王用丕钦④；罔有逸言⑤，民用丕变。今汝聒聒⑥，起信险肤⑦，予弗知乃所讼⑧！

【注释】

①图：考虑。旧人：世袭做官的贵戚。

②王：指先王。播：公布。

③修：通"攸"，用，因此。匪：爽忒。厥：其，代指
　先王。指：通"旨"。

④用：因此。丕：大。钦：敬。

⑤逸：过失。

⑥懫懫（kuò）：不听正确意见，愚昧自用。

⑦起：兴，造。信：通"伸"，申说。肤：古"胪"
　字，传。

⑧讼：争辩。

【译文】

"从前我们先王也是考虑任用世袭的贵戚，让他们一起
参政。先王向他们宣布政令时，他们决不敢误解先王的旨
意，所以受到先王的尊重；他们又从不发表惑乱众听的谬
论，所以百姓也能协同一心。现在你们愚昧自以为是，编
造许多邪恶的话加以传播，我真不明白你们究竟闹什么！

"非予自荒兹德①，惟汝含德，不惕予一人②。
予若观火③，予亦炪谋作乃逸④。

【注释】

①荒：废乱。兹德：任用"旧人"的传统。

②惕：戒惧。

③观火：热火。观，通"爟（guàn）"，热。

④炪（zhuō）：烟盛而火光没有发出来的样子，比喻
　见事不明。

"并不是我愿意丢弃任用世袭贵族的传统，只是因为你们隐藏善德，而不给予我支持。我本来像烈火一样威严洞明，但处在烟雾弥漫的情况下，所以一时见事不明，哪里想到酿成了你们的放纵！

"若网在纲①，有条而不紊。若农服田力穑②，乃亦有秋③。汝克黜乃心④，施实德于民，至于婚友⑤，丕乃敢大言⑥，汝有积德。乃不畏戎毒于远迩⑦，惰农自安，不昏作劳⑧，不服田亩，越其罔有黍稷⑨。

【注释】

①纲：网的大绳。

②服田：在土地上劳作。服，从事。力穑：勤于农事。穑，农业生产。

③秋：秋收，丰收。

④克黜乃心：除去傲慢之心。

⑤婚：婚姻，指亲戚。友：朋友，同僚。

⑥丕乃：于是。

⑦乃：如果。戎：大。毒：害。迩：近。

⑧昏：通"敃（mǐn）"，勤奋。

⑨越：于是。其：将。罔：无。黍稷：代指农作物。

【译文】

"要像网一样结在绳子上，才可清晰有条理。要像农夫勤劳于农事，才可得到好收成。你们若能除去傲慢放纵之心，把真正的实惠给老百姓，以至于亲戚朋友，那样才可以大胆说，你们是积了德的。如果你们不怕远近百姓受到大害，贪一时安逸而懒于耕作，不肯辛勤劳作，不勉力于农事，那就别指望任何收获。

"汝不和吉言于百姓^①，惟汝自生毒^②，乃败祸奸宄^③，以自灾于厥身。乃既先恶于民^④，乃奉其恫^⑤，汝悔身何及！相时憸民^⑥，犹胥顾于箴言^⑦，其发有逸口^⑧；矧予制乃短长之命^⑨！汝曷弗告朕而胥动以浮言^⑩，恐沉于众^⑪？若火之燎于原，不可向迩^⑫，其犹可扑灭。则惟汝众自作弗靖^⑬，非予有咎！

【注释】

①和：宣布。吉言：好话。百姓：百官。

②自生毒：犹云"自作孽"。

③败祸：灾祸。奸宄（guǐ）：恶行。

④先恶：导恶，倡导做坏事。

⑤奉：承受。恫（tōng）：痛苦。

⑥相：视，看。时：通"是"，此。憸（xiān）：散，小。

⑦犹：尚，还。胥：相。箴言：规谏之言。

⑧逸口：过言，口中说出的错话。逸，过，错误。

⑨制：掌握，控制。短长之命：生死之命。

⑩曷弗：何不。浮言：无根之言。

⑪恐沉：恐吓。

⑫向迩：靠近。

⑬靖：善。

【译文】

"你们不把我的好话宣布给百姓，这是你们自作孽，招惹灾祸恶行，以致自取灾，恶及身。你们带头引导民众做坏事，自然由你们自己承受痛苦，你们懊悔也来不及！看那些小民还知道听从规诚的话，唯恐祸从口出；何况我又是操着你们的生杀之权的！你们有话何以不先来告诉我，竟敢散播谣言惑乱人心，恐吓民众？要知道，即使你们那些话像野火一样，使人们无法靠近，但我终究会扑灭。到那时，那是你们咎由自取，不要怪我错待了你们！

"迟任有言曰①：'人惟求旧②；器非求旧，惟新。'古我先王暨乃祖乃父胥及逸勤③，予敢动用非罚④？世选尔劳⑤，予不掩尔善。兹予大享于先王⑥，尔祖其从与享之⑦。作福、作灾，予亦不敢动用非德⑧。

【注释】

①迟任：相传古代的贤人。

②旧：旧臣，世代为官的贵族。

③暨：与，和。乃：你的，你们的。胥及逸勤：指当时君臣同心同德从事迁徙。逸，通"肆"，劳。

④动：动辄。非罚：非罪而妄罚。

⑤选：俞樾《群经平议》说通"纂"，释为"继"。劳：劳苦。

⑥大享：大祭祀。

⑦与：参与。

⑧非德：不合法度的赏赐或惩罚。

【译文】

"古代贤人迟任曾经说：'用人当专选旧臣；不像使用器具那样，不要旧的，只要新的。'从前先王和你们的祖先同心同德地从事迁徙，我怎么敢对你们轻易加以处罚？你们若能世世承续先代的勤劳，我决不会掩盖你们的好处。现在我大祭先王，你们的祖先也一起受祭。你们行善作恶都由先王和你们的祖先来处置，我也不敢擅用赏罚。

"予告汝于难①，若射之有志②。汝无侮老成人③，无弱孤有幼④；各长于厥居⑤，勉出乃力，听予一人之作猷⑥。

【注释】

①于：以。

②志：志矢，习射时所用的骨矢。

③侮：欺侮。老成人：指年高德劭的贤人。

④弱孤：用作动词，欺凌，轻视。有幼：即"幼"。

⑤长：统率。

⑥猷（yóu）：谋，计划。

【译文】

"我告诉你们，办事是不容易的，要像射箭一样，要先用习射的箭练习。你们不准欺侮年高德劭之人，也不要欺凌幼弱；应该统率所属，勤奋出力，听我的打算。

"无有远迩①：用罪伐厥死②，用德彰厥善③。邦之臧④，惟汝众；邦之不臧，惟予一人有佚罚⑤。

【注释】

①远迩：指关系的亲疏。

②罪：处刑。伐：惩处。厥死：他的死罪。厥，其。

③彰：明。

④臧：善。

⑤佚罚：行使刑罚有疏失。佚，过错。

【译文】

"不论亲疏远近，我会一样对待：用刑罚来惩处罪行，用爵赏来表彰善行。国家好，是由于大家的功劳；要是不好，只是由于我行使刑罚有疏失。

"凡尔众，其惟致告①：自今至于后日，各共尔事②，齐乃位③，度乃口。罚及尔身，弗可悔。"

【注释】

①致告：传达。致，送。

②共：通"供"。

③齐：整饬。位：职事。

【译文】

"你们所有人，要把我的话广为传达：从今往后，各自勤勉供职，整饬职务，谨慎所言。如果做不到，等惩罚到你们的时候，懊悔也来不及。"

高宗肜日

　　《史记·殷本纪》记载："帝武丁崩，子帝祖庚立。祖己嘉武丁之以祥雉为德，立其庙为高宗，遂作《高宗肜日》及《训》。"可见司马迁认为本篇作于商王祖庚之时。"肜（róng）祭"是甲骨文中常见的殷人祭祀先王之礼，本篇是商王朝祭祀高宗武丁之时，出现了"雊雉"（野鸡鸣叫）的异象，引起了王室的恐慌。贵族祖己针对此事，发表了言论，对商王进行了劝勉，构成了本篇的主要内容。

高宗肜日^①，越有雊雉^②。

【注释】

①高宗：殷王武丁宗庙的称号，武丁是商汤第十一世孙，殷王朝第二十三任君主。肜（róng）日：殷人祭祀先王之礼。

②越：与"粤"、"曰"、"爰"等都是发语词，无意义。雊（gòu）：野鸡叫。雉：野鸡。

【译文】

肜祭高宗武丁的时候，有野鸡鸣叫。

祖己曰^①："惟先格王^②，正厥事^③。"

【注释】

①祖己：杨筠如《尚书覈诂》说："盖即武丁之子孝己也。"又说："后人之称孝己，盖本名己而以其孝行称之；此称祖己，则其子孙称之也。"可从。

②格：告。

③正：修。事：祭祀之事。

【译文】

祖己说："告诉大王，不要害怕，先把祭礼办好。"

乃训于王曰^①："惟天监下民^②，典厥义^③。降年有永有不永^④。非天夭民^⑤，民中绝命^⑥，民有不若德^⑦，不听罪^⑧。天既孚命正厥德^⑨，乃曰其如台！

【注释】

①训：劝勉。

②监：察看。

③典：主持，掌管。义：道理。

④降年有永有不永：上天所赐予人的寿命有长有短。永，长。

⑤夭：早死。

⑥中：中道。

⑦若：顺。

⑧听罪：服罪。

⑨既：已。孚：付，给予。命：老天的命令。

【译文】

接着又劝勉王说："上天考察下界，掌握着一定道理。它赐予人的寿命有长有短。并不是上天要使人们短命，中途绝命，而是因为有人不听天命，做错了又不肯服罪。上天已发出明确的命令，用以规范人们的道德，可是有人竟然说能把我怎么样！

"呜呼！王司敬民^①，罔非天胤^②，典祀无丰于尼^③。"

【注释】

①司：嗣，承继。敬民：敬理民事。

②罔：无。天胤：天子。

③丰：厚。尼：通"昵"，祢庙，父庙。

【译文】

"啊！君王们承继着敬理民事的大业，无一不是上天的后代，祭祀大典中，不可过分亲厚父庙而不按正常礼法规定。"

西伯戡黎

西伯，即周文王。《史记·周本纪》载："明年，伐犬戎。明年，伐密须。明年，败耆国。殷之祖伊闻之，惧，以告帝纣。纣曰：'不有天命乎？是何能为？'"耆国即"黎"，是商王朝西北之藩屏之地。本篇记录了文王征服黎国，殷商贵族祖伊开始恐慌，跑去对纣王发出警告的一段对话。

一三二

西伯既戡黎①，祖伊恐②，奔告于王曰③："天子！天既讫我殷命④，格人元龟⑤，罔敢知吉⑥。非先王不相我后人⑦，惟王淫戏用自绝⑧，故天弃我，不有康食⑨，不虞天性⑩，不迪率典⑪。今我民罔弗欲丧，曰：'天曷不降威⑫！'大命不挚⑬，今王其如台？"

【注释】

①西伯：周文王。戡：战胜。黎：殷诸侯国，其故地在今山西长治西南。

②祖伊：人名。殷贵族。

③王：商王朝最后一个国王帝辛纣。

④讫：终止。

⑤格人：贤人。元龟：大龟。

⑥罔：无。吉：卜兆的吉凶。

⑦相（xiàng）：助，保佑。

⑧淫戏：暴虐腐化。用：以。

⑨康食：安食，好好吃饭。

⑩虞：通"娱"，乐。

⑪迪：由，用。率：助词，无意义。

⑫曷：为什么。

⑬挚：于省吾《尚书新证》说当作"艺"，通"祢"，亲近。

【译文】

西周文王征服了黎国后，祖伊非常恐慌，跑去对纣王说："天子！老天快要终止我殷朝的天命了，懂得天命的贤人和传达天意的宝龟，都不敢说有好兆头的。这并非祖宗不保佑我们，而是大王淫虐过度自绝天命，所以老天抛弃了我们，使大家没有安稳饭吃，更谈不上安于天性，遵循常法。现在我们的民众几乎没有不希望我们王朝完蛋的，都说：'天为什么不降下惩罚来啊！'看来天命已在离开我们了，大王啊，现在你打算怎么办！"

王曰："呜呼！我生不有命在天？"

【译文】

纣说："咦！我不是一生下来就有大命在天的吗？"

祖伊反①，曰："呜呼！乃罪多参在上②，乃能责命于天③？殷之即丧，指乃功④，不无戮于尔邦⑤？

【注释】

①反：同"返"。

②乃：你的。参：段玉裁《古文尚书撰异》说当作"累"，形讹，积累之意。

③责：责成，要求。

④指：通"者"，致。

⑤无：疑问词倒置，相当于"吗"。戮：辱。

【译文】

祖伊回去说："唉！你都罪恶滔天了，还向老天爷要什么天命？殷朝的灭亡近在眼前了，你的所作所为发展下去，怎能不毁灭你的国家？"

微　子

　　微子名启，是商纣王的庶兄，他对纣王的淫虐百般进谏，纣王始终不听。本篇记载了商朝灭亡之前，微子向王朝的太师、少师询问如何应对的一次谈话。微子最终选择了逃亡。

微子若曰①："太师、少师②，殷其弗或乱正四方③！我祖厎遂陈于上④，我用沉酗于酒⑤，用乱败厥德于下⑥。殷罔不小大好草窃奸宄⑦。卿士师师非度⑧。凡有辜罪⑨，乃罔恒获⑩。小民方兴⑪，相为敌雠。今殷其沦丧⑫，若涉大水⑬，其无津涯⑭。殷遂丧越至于今⑮？"

【注释】

①微子：殷王朝贵族，名启，纣的庶兄。若曰：这样说。

②太师、少师：商王朝两个乐官。

③其：将。乱：治理。

④我祖：商王朝第一任王汤。厎：致。陈：列。

⑤我：指纣王的行为。用：则，却。

⑥用：以。厥：其。指汤。

⑦罔：无。小大：从上到下很多人。草窃：掠夺。奸宄（guǐ）：邪恶作乱。

⑧卿士：执政之官。师师：卿士之众。度：法。

⑨辜：罪。

⑩罔恒获：常常得不到。

⑪方：通"旁"，大。兴：起。

⑫其：将。沦丧：灭绝。

⑬涉：渡河。

⑭其：而。津：渡河处。涯：水边。

⑮丧越：灭亡而离散。

【译文】

微子这样问道:"太师、少师,我们殷王朝快不能治理国家了!我们祖宗汤王以前开拓的功业,被我们用来酗酒荒淫了,汤王的德业败乱尽了。殷王朝从上到下的人无不喜欢为非作歹,掠夺财货。朝廷卿士众官也竞相搞非法活动。逃亡的有罪奴隶也常抓不回来。老百姓们也并起争夺斗殴。现在殷王朝快要覆亡了,像要渡河却找不到河岸。殷王朝难道灭亡就在今天吗?"

曰:"太师、少师,我其发出狂①,吾家耄逊于荒②,今尔无指告予③?颠隮若之何其④?"

【注释】

①发:起。狂:通"往",出走。

②耄(mào):昏乱。逊:通"驯",从。荒:亡。

③尔:你们。指:通"稽",计。

④颠隮(jī):孔《疏》说:"颠谓从上而陨,隮谓坠于沟壑,皆灭亡之意。"若之何其:犹如"如之奈何"。

【译文】

又说道:"太师、少师,我是出走呢,还是盲目地随着我们王朝同归覆亡呢,现在你们能考虑告诉我吗?国亡了到底如何才好啊?"

太师若曰:"王子①!天毒降灾荒殷邦②,方兴沉酗于酒，乃罔畏畏③，咈其耇长旧有位人④。今殷民乃攘窃神祇之牺牷用⑤，以容将食无灾⑥。降监殷民⑦，用乂雠敛⑧，召敌雠不怠⑨。罪合于一⑩，多瘠罔诏⑪。商今其有灾⑫，我兴受其败⑬；商其沦丧，我罔为臣仆⑭。诏王子出，迪我旧云刻子⑮。王子弗出，我乃颠隮⑯。自靖⑰，人自献于先王⑱。我不顾行遁⑲。"

【注释】

①王子：指微子，因他是帝乙之子，故称。

②毒：厚，多。荒：败亡，灭亡。

③畏畏：即"畏威"，畏惧天威。金文中"畏"、"威"常通用。

④咈（fú）：违。耇（gǒu）长：即《盘庚》之"老成人"，权高年长的官员。旧有位人：退休的有才德之人。

⑤攘窃：偷窃。神祇：天地神鬼。牺：祭祀时所用毛色纯一的牲口。牷（quán）：祭祀时所用肢体齐全的牲口。

⑥容：用。将食：同义连用，吃。将，置肉几上而食之。

⑦降：下。监：察视。

⑧乂：治。雠（chóu）敛：重赋。雠，通"稠"，繁多。

⑨召：招致。怠：倦怠。

⑩合：集合。

⑪瘠：贫瘠。罔：无。诏：告。

⑫其：将。

⑬兴：起。

⑭罔为臣仆：不要成为奴隶。

⑮迪：用。刻子：即"箕子"，古音通假。

⑯乃：仍。

⑰自靖：各自考虑自己如何对付。

⑱人：各人。献：献身。

⑲顾：反顾，犹云"瞻前顾后"。行：将。遁：逃。

【译文】

太师回答道："王子！老天严重地降下灾害要覆亡我殷朝，但沉酗于酒的纣王却不畏天威，不用元老旧臣。现在我们殷人竟至偷窃祭祀鬼神用的祭品，吃了也不受惩罚。对下面百姓进行繁重的赋税征敛，招致无数敌对情绪还不知停止。那么多罪恶加到一起，百姓被榨干了却无处申述。商王朝眼看就有灾难了，要轮到我们起来承受；商王朝就要灭亡了，我们可不能做亡国奴。告诉你，王子，按我过去对箕子说过的话，你还是出走吧。要是不走，我们最后都要完蛋。大家各自考虑前途，各自打算一下怎么献身先王。我不能多所瞻顾，马上就要走。"

周　书

牧　誓

　　牧是地名，在商都朝歌郊外。《史记·周本纪》载："武王朝至于商郊牧野，乃誓。"本篇即武王伐纣牧野之战前的誓师词，由当时史官记录成篇。

时甲子昧爽①，王朝至于商郊牧野②，乃誓③。

【注释】

①甲子：甲子日。《史记》作"二月甲子"，有人根据
"殷正建丑"、"周正建子"推算出甲子日在周武王
十一年二月五日。牧野之战具体年代歧说纷纭，根
据天文学研究成果，大概确定在公元前 1046 年左
右。昧爽：暗而不明，即早晨天快亮的时候。

②王：周武王，姬姓，名发，周王朝第一任君主。牧
野：殷朝歌的南郊，在今河南淇县以南汲县以北。

③誓：军事行动前告诫所有人员的诚辞。

【译文】

甲子这天清晨天还没大亮的时候，武王来到商都郊外
牧野这个地方，举行誓师典礼。

王左杖黄钺①，右秉白旄以麾曰②："逖矣③！西
土之人④！"

【注释】

①左杖：左手拿着。杖，手持棍棒。黄钺（yuè）：
黄金装饰的斧子，作为仪节和乐舞的工具，也叫
"戚"。

②秉：拿着。旄（máo）：装饰着牦牛尾的小旗。麾：
指挥。

③逖（tì）：远。

④西土之人：周族在今陕西一带，在商朝之西，故云。

【译文】

武王左手拿着黄金斧钺，右手举着饰有牦牛尾的小旗，指挥说："大家远来辛苦了，我西方的人们！"

王曰："嗟！我有邦冢君、御事、司徒、司马、司空、亚旅、师氏、千夫长、百夫长①，及庸、蜀、羌、髳、微、卢、彭、濮人②，称尔戈③，比尔干④，立尔矛⑤，予其誓⑥。"

【注释】

①有邦：即"邦"。冢（zhǒng）君：首脑。冢，大。御事：治事行政之官。司徒：管理山林、畜牧等行业的官。司马：在王左右，担任赞右王命。司空：管理田地、居处等行业的官。亚旅：次于司徒、司马、司空的武职。师氏：高级武官。千夫长：统率一千个奴隶兵的贵族官员。百夫长：统率一百个奴隶兵的贵族官员。

②庸、蜀、羌、髳（máo）、微、卢、彭、濮：周族周围地区几个不同部族，先后臣服周，跟随武王伐纣。庸，在今湖北房县。蜀，主要在今陕南汉中。羌，在今甘肃东南地区。髳，在今山西平陆。微，在今陕西眉县一带。卢，在今湖北南漳以东，襄樊以西之地。彭，在今湖北房县附近南河流域。濮，在今湖北南漳境内。

③称：举。戈：刀刃横置，用于横击和钩割。

④比：并列。干：盾牌。

⑤矛：长柄，前端装有利刃，用于击刺。

⑥其：将。

【译文】

武王说："啊！我各邦国的首脑、治事大臣、司徒、司马、司空、亚旅、师氏、千夫长、百夫长，及庸、蜀、羌、髳、微、卢、彭、濮等各个部族的人们，举起你们的戈，排列好你们的盾，竖立好你们的矛，我要发出誓词了。"

王曰："古人有言曰：'牝鸡无晨①；牝鸡之晨，惟家之索②。'今商王受惟妇言是用③，昏弃厥肆祀弗答④，昏弃厥遗王父母弟不迪⑤；乃惟四方之多罪逋逃是崇、是长、是信、是使⑥，是以为大夫卿士⑦，俾暴虐于百姓⑧，以奸宄于商邑⑨。今予发惟共行天之罚。

【注释】

①牝（pìn）：雌。晨：在早晨鸣叫。

②索：萧瑟不祥之谓。

③受：即"纣"，同音假借，是商王朝最后一任王帝辛的名字。

④昏弃：蔑弃。昏，通"泯"，轻蔑。肆：祭祀先王的祭名。答：报。

⑤王父母弟：指同父异母诸兄弟。迪：用。

⑥逋（bū）逃：逃亡者。逋，逃亡。

⑦大夫卿士：泛指殷王朝各级官员。

⑧俾（bǐ）：使。百姓：百官。

⑨商邑：商的都邑。

【译文】

武王说："古人有一句话：'母鸡不该在早晨打鸣。如果母鸡早晨打鸣，这个家就要破败了。'现在商王纣只听信女人的话，背弃祖先宗庙，不举祭祀；蔑弃同宗兄弟，不予任用；只是尊崇信任那些因犯罪而四方逃亡的奴隶们，任命他们担任大夫卿士等要职，使他们为害于百官，作恶于商国。现在我姬发要奉行上天的惩罚命令！

"今日之事①，不愆于六步、七步②，乃止，齐焉。夫子勖哉③！不愆于四伐、五伐、六伐、七伐④，乃止，齐焉。勖哉夫子！尚桓桓如虎、如貔、如熊、如罴⑤，于商郊弗御克奔⑥，以役西土⑦。勖哉夫子！

【注释】

①今日之事：指伐纣战争前作为宣誓仪式所举行的军事舞蹈。

②愆：过。

③夫子：对"千夫长"、"百夫长"等武职官名的尊称。勖（xù）：勉。

④伐：一击一刺为一伐。

⑤尚：副词，表希望之意。桓桓：威武的样子。貔
（pí）：古代传说中一种猛兽。黑（pí）：古代传说中
一种猛兽。

⑥御：驾车。克：能。奔：跑。

⑦役：役使。

【译文】

"今天举行临战前的军事舞蹈，在徒手舞蹈上，不超过
六步、七步就要停下来，整齐队形。战士们努力啊！在击
刺舞蹈上，不过四次、五次、六次、七次就要停下来，整
齐队形。战士们努力啊！大家要威风凛凛，像虎貔熊黑一
样，在商都的郊外举行舍车徒步的演习，以动员我西方勇
士们投入战斗。战士们努力啊！

"尔所弗勖①，其于尔躬有戮②！"

【注释】

①尔：你们。

②躬：身体。戮：杀。

【译文】

"倘若你们不努力，就在你们身上执行刑戮！"

洪 范

　　洪，大也。范，法也。《史记·周本纪》载："武王已克殷，后二年，问箕子殷所以亡。箕子不忍言殷恶，以存亡国宜告。武王亦丑，故问以天道。"本篇开头有武王访问咨询箕子的话，可能是周史臣的记录，也可能是后人附益上去的。《史记·宋微子世家》全录此篇。《洪范》一篇被称作"统治大法"，在先秦文献中被称引次数很多，是一篇对后世影响深远的上古文献。

惟十有三祀①，王访于箕子②。王乃言曰："呜呼！箕子。惟天阴骘下民③，相协厥居。我不知其彝伦攸叙④？"

【注释】

①十有三祀：即"十又三年"，武王伐商二年后。商代以祀纪年，甲骨文常见"唯王几祀"。

②王：周武王。箕子：商纣王的叔父，封地在今山东境内。

③阴：覆。骘（zhì）：定。

④彝：常。伦：理。攸：所以。叙：顺序。

【译文】

十三年，武王访问了箕子。武王说道："啊！箕子。上帝荫庇保护着百姓，使大家和谐居住。我不知道天帝治理天下的常理怎样弄得那么井然有序？"

箕子乃言曰："我闻在昔，鲧陻洪水①，汩陈其五行②，帝乃震怒③，不畀洪范九畴④，彝伦攸斁⑤。鲧则殛死⑥，禹乃嗣兴，天乃锡禹洪范九畴⑦，彝伦攸叙。

【注释】

①鲧：神话人物，传说为禹的父亲。陻（yīn）：堵塞。

②汩（gǔ）：乱。五行：水火木金土。

③帝：殷人对天帝的称呼。

④畀（bì）：赐予。洪：大。范：法。畴：类。

⑤攸：因此。致（dù）：败坏。

⑥殛（jí）：诛杀。

⑦锡：赐予。

【译文】

箕子说："我听说过去鲧用土去堵塞洪水，把五行搞乱了，天帝大怒，就不把'大法九章'传授给他，治理天下的常理遭到败坏。鲧被诛杀了，禹继起振兴大业，天帝就把'大法九章'传授给了禹，禹按此常理治理天下井井有序。

"初一①，曰五行。次二，曰敬用五事②；次三，曰农用八政③；次四，曰协用五纪④；次五，曰建用皇极⑤；次六，曰乂用三德⑥；次七，曰明用稽疑⑦；次八，曰念用庶征⑧；次九，曰向用五福⑨，威用六极⑩。

【注释】

①初：开始。

②用：以。五事：指一个人的态度、言语、观看、闻听、思考等五项。

③农：勉。八政：指"食"、"货"等八项。见下文。

④协：和。五纪：所举五种纪时计算之术。

⑤皇极：君王进行统治的准则。

⑥乂：治。三德：为正直、刚克、柔克三项。

⑦稽疑：卜问疑难。

⑧庶：众多。征：征兆。

⑨向：通"飨（xiǎng）"，给人以好处。五福：寿、福、康宁、好德、终命等五项。

⑩威：使畏惧、敬畏。六极："凶短折"等六项不吉利的事。

【译文】

"这九章，第一，五行；第二，谨慎于君王自身的五事；第三，勉力办好八项政务；第四，协调五种纪时之术；第五，建立君王的统治准则；第六，运用三种统治方式进行治理；第七，运用卜筮来处理疑难问题；第八，用各种征兆验证君主行为的好坏；第九，运用五种幸福的事以赐福，运用六种极坏的事以惩罚。

"一，五行：一曰水，二曰火，三曰木，四曰金，五曰土。水曰润下①，火曰炎上②，木曰曲直③，金曰从革④，土爰稼穑⑤。润下作咸⑥，炎上作苦，曲直作酸，从革作辛⑦，稼穑作甘⑧。

【注释】

①水曰润下：水的特性为向下湿润。曰，为。

②炎上：燃烧向上。

③曲直：可曲可直。

④从革：变革。

⑤爰：即"曰"，为。稼穑：种植和收获庄稼。

⑥作：则，就。

⑦辛：辣。

⑧甘：甜。

【译文】

"第一章，五行：一是水，二是火，三是木，四是金，五是土。水的特性是向下湿润，火的特性是向上燃烧，木的特性是可曲可直，金的特性是可以按照人的要求变化形状，土的特性是可以种植和收获庄稼。向下湿润致卤就使味道咸，向上燃烧致焦就使味道苦，可曲可直的木材产生酸味，可变化的金属伤人就使人感到苦辛，土地生长出来的庄稼味道甜美。

"二，五事：一曰貌①，二曰言，三曰视，四曰听，五曰思。貌曰恭，言曰从②，视曰明③，听曰聪④，思曰睿⑤。恭作肃⑥，从作乂⑦，明作哲，聪作谋，睿作圣。

【注释】

①貌：态度。

②从：顺。

③明：清醒明察。

④聪：聪明。

⑤睿：睿智通达。

⑥肃：严肃。

⑦乂：治理。引申为辅助鼓励。

【译文】

"第二章,君王自身的五事:一是态度,二是言语,三是观察,四是闻听,五是思考。态度要恭敬,言语要柔顺,观察事物要清晰,听取别人的意见要聪颖,思考问题要通达。态度恭敬,就表现出严肃端庄;说话柔顺,就能得到广泛辅佐;看问题清晰,就有智者风范;听取意见聪颖,就能善于谋断;思考问题通达,就能达到圣明。

"三,八政:一曰食^①,二曰货^②,三曰祀^③,四曰司空^④,五曰司徒^⑤,六曰司寇^⑥,七曰宾^⑦,八曰师^⑧。

【注释】

①食:民食。指农业。

②货:财货。指手工业、商业。

③祀:祭祀等宗教活动。

④司空:掌管居民的官。

⑤司徒:掌管教育的官。

⑥司寇:掌管司法的官。

⑦宾:礼宾、朝觐等外交事务。

⑧师:军事。指军事活动。

【译文】

"第三章,要做好八项政务:一是农业生产,二是手工生产和商业贸易,三是宗教祭祀活动,四是内务民政,五是教育文化,六是公安司法,七是礼宾外交,八是军事行动。

"四，五纪①：一曰岁②，二曰月③，三曰日④，四曰星辰⑤，五曰历数⑥。

【注释】

①五纪：依节气纪岁，依月象纪月，依圭影纪日，依二十八宿纪日月之会，依五行星的运行数据纪历数。纪，指天象数据及几种不同的纪时单位。

②岁：上年冬至到下年冬至为一岁。到战国时已和"年"字同用。

③月：从朔至晦为一月。商代以一月为三旬，西周则一月按月相分为初吉、既生霸、既望、既死霸四部分（据王国维《生霸死霸考》）。

④日：昼夜为一日。

⑤星辰：依躔度以纪星辰。

⑥历数：日月星辰运行经历周天的各种数据。

【译文】

"第四章，五种纪时方法：一是年，二是月，三是日，四是星辰，五是历数。

"五，皇极：皇建其有极①。

【注释】

①有：助词，无意义。极：准则。

"第五章，君王的统治准则：君王要建立他的统治准则。

"敛时五福^①，用敷锡厥庶民^②；惟时厥庶民于汝极^③，锡汝保极。凡厥庶民，无有淫朋^④，人无有比德^⑤，惟皇作极。凡厥庶民，有猷有为有守^⑥，汝则念之。不协于极^⑦，不罹于咎^⑧，皇则受之，而康而色^⑨。曰'予攸好德'^⑩，汝则锡之福。时人斯其惟皇之极。无虐茕独^⑪，而畏高明^⑫。人之有能有为，使羞其行^⑬，而邦其昌^⑮。凡厥正人^⑭，既富方穀^⑮；汝弗能使有好于而家^⑯，时人斯其辜^⑰。于其无好，汝虽锡之福，其作汝用咎。

【注释】

①时：通"是"，这。五福：指下文第九畴中的寿、福等五项。

②用：以。敷：布。锡：赐予。厥：其。

③极：准则。

④无：毋，不要。淫朋：邪党。

⑤人：官员。比：私相亲密。

⑥猷：谋划。为：才干。守：德行操守。

⑦协：和，合。

⑧罹：陷入。

⑨而康而色：而且要和善你的脸色。前一"而"字是

连词。后一"而"字同"汝"。

⑩攸：修。

⑪虐：欺侮。茕（qióng）独：泛指孤苦无告的人。

⑫高明：尊崇显要之人。

⑬羞：进献。

⑭正人：官员中的长官。

⑮方：始，才。穀：善。

⑯而：汝。指王。

⑰辜：罪。

【译文】

"聚集五种幸福的事，赐予百姓；这样的话，百姓对于您的准则，就会帮助您去巩固这准则。所有庶民都不得结成邪党，一切官员不得朋比为奸，只应遵循君王所建的准则。庶民中有善于谋划、有才干、有操守的，要注意记住他们。那些作为不合准则，但尚未陷入罪恶的人，就要容忍他们，而且应该和颜悦色地去宽容他们。如果某人说'我要注意修好品德'，您就要赏赐他好处。这些人就会完全遵守君王的准则。不要虐待那些孤苦无告的平民，而畏惧显贵官员。那些有才干的官吏，要升进他们，这样可使国家昌盛。那些高级长官，须先给他们以优厚的俸禄，才好要求他们做出善政。如果您不能使百姓尽力于王家，那就是官员们的罪过。这些人没有用时，您虽然赐福给他们，也只会干出坏事。

"无偏无颇①，遵王之义。无有作好②，遵王之道。无有作恶，遵王之路。无偏无党③，王道荡荡④。无党无偏，王道平平⑤。无反无侧，王道正直。会其有极！归其有极！曰皇极之敷言⑥，是彝是训⑦，于帝其训⑧。凡厥庶民极之敷言，是训是行，以近天子之光。曰天子作民父母，以为天下王！

【注释】

①颇：倾斜，不平。

②好：私人利益。

③党：包庇私情。

④荡荡：宽阔、平坦的样子。

⑤平平：通"辨辨"，治理，辨别。

⑥敷：通"傅"，至。

⑦彝：常规，常法。训：教训。

⑧于帝其训：顺着上帝。

【译文】

"不要偏，不要斜，应当遵循君王的仁义。不能只顾私人利益，应当遵循君王正道而前进。不要为非作恶，要遵循君王的正路行走。不要偏私，不要结党，君王的道路将无比宽广。不要结党，不要偏私，君王的道路将无比平坦。不要反复，不要倾侧，君王的道路中正平直。大家汇集到君王的准则下来啊！大家归依到君王的准则下来啊！这就叫做君王统治准则的至理名言，要以至言为师法，为教训，才算顺从了天帝的意旨！这也都是庶民们所要遵守的至言，只应当顺从它，奉行它，以亲附于天子，承受他的光彩。

这样，天子才是百姓的父母，是全天下的君王！

"六，三德①：一曰正直，二曰刚克②，三曰柔克③。平康④，正直；强弗友⑤，刚克；燮友⑥，柔克。沉潜⑦，刚克；高明⑧，柔克。惟辟作福⑨，惟辟作威，惟辟玉食。臣无有作福、作威、玉食。臣之有作福、作威、玉食，其害于而家，凶于而国，人用侧颇僻，民用僭忒⑩。

【注释】

①三德：三种统治方法。

②刚：刚强，强硬。克：取胜。

③柔：怀柔、温和的方式。

④平康：平正康宁。

⑤强：通"犟（jiàng）"，倔强顽固。

⑥燮（xiè）：和。

⑦沉潜：指沉沦在下的民众。

⑧高明：显要贵族。

⑨辟（bì）：君主。

⑩僭（jiàn）：犯上作乱。忒：通"恶"。

【译文】

"第六章，三种统治方式：一是用正直的方式进行统治，二是用强硬的方式进行统治，三是用温和的方式进行统治。对平正康宁的人，要采用正直方式；对倔强不亲附的人，要采用强硬方式；对和顺可亲近的人，要采用温和方式。对待百姓，要以强硬方式统治；对显要贵族，要以温和方式拉拢。只有君王才有权赐予百姓以幸福，给予民众以刑罚，也只有君王才可以享受锦衣玉食。臣下则无权给人以幸福、予人以刑罚、享受玉食。倘若臣下擅权，给人以幸福、予人以刑罚、享受美食，就会危及王室，倾覆国家，百官因此会走上邪路，老百姓也会犯上作乱。

"七，稽疑①：择建立卜筮人②，乃命卜筮③。曰雨，曰霁④，曰圛⑤，曰雺⑥，曰克⑦，曰贞⑧，曰悔⑨，凡七。卜五⑩，占用二⑪，衍忒⑫。立时人作卜筮，三人占，则从二人之言。

【注释】

①稽疑：卜筮决疑。

②卜：用龟甲占卜。筮：用蓍草占卜。

③乃命卜筮：占卜时将所问之事告诉龟甲和蓍草。

④霁（jì）：雨止而云未散。

⑤圛（yì）：云气稀疏的样子。

⑥雺（máo）：阴暗不明。

⑦克：成功与否。

⑧贞：内卦。

⑨悔：外卦。

⑩卜五：指用龟甲占卜的五项：雨、霁、圛、雺、克。

⑪占用二：用蓍草占筮的两项：贞、悔。

⑫衍忒：卜筮二者都要推演研究兆卦的变异。衍，推

演。忒，变。

【译文】

"第七章，占卜决疑的方法：择用善于卜筮的人，用龟甲占卜、蓍草筮卦，展示出雨、霁、圛、蟊等天气状况，事件成功与否，以及内卦、外卦的丰富变化，一共七项。其中龟卜五项，蓍筮两项，都要推演研究其兆卦的变异。用这些人进行卜筮时，三个人占问，要信从其中两个人的结果。

"汝则在有大疑，谋及乃心，谋及卿士，谋及庶人，谋及卜筮。汝则从，龟从，筮从，卿士从，庶民从，是之谓大同。身其康强，子孙其逢①，吉。汝则从，龟从，筮从，卿士逆，庶民逆，吉。卿士从，龟从，筮从，汝则逆，庶民逆，吉。庶民从，龟从，筮从，汝则逆，卿士逆，吉。汝则从，龟从，筮逆，卿士逆，庶民逆，作内，吉；作外，凶②。龟筮共违于人③，用静，吉；用作，凶④。

【注释】

①逢：大。

②作内，吉；作外，凶：郑玄说："逆者多，以故举事于境内则吉，境外则凶。"伪《孔传》释"内"为"祭祀冠昏"之事，"外"为"出师征伐"之事。

③龟筮共违于人：似指龟筮都"逆"，与人三方面都"从"相反。

④用静，吉；用作，凶：伪《孔传》说："安以守常则吉，动则凶。"

【译文】

"您倘若有重大疑难的事，首先要自己反复考虑，然后再问大臣，再咨询庶民，最后再看卜筮的结果。如果您自己赞同，龟卜赞同，蓍卦赞同，大臣赞同，庶民也赞同，这就叫做'大同'。这样，您身体就会强健，子孙后代也会昌盛，这是大吉。如果您自己赞同，龟卜赞同，蓍卦也赞同了，可是大臣们反对，庶民们也反对，这也算吉利。如果大臣们赞同，龟卜赞同，蓍卦赞同了，您自己却反对，庶民们也反对，这还是算吉利。如果庶民们赞同，龟卜赞同，蓍卦赞同了，您自己却反对，大臣们也反对，这仍算是吉利。如果您赞同，龟卜也赞同，蓍筮却反对，大臣们也反对，庶民们也反对，这种情形下，用于国内之事，仍是吉利；对外，则有凶灾。如果龟卜和蓍筮都不合人意，那就要安静下来，不应有所举动，才能得到吉利的结果；有所妄动，就会招来凶祸。

"八，庶征①：曰雨，曰旸②，曰燠③，曰寒，曰风。曰时五者来备④，各以其叙⑤，庶草蕃庑⑥。一极备⑦，凶；一极无⑧，凶。

【注释】

①庶：众。征：征兆。

②旸（yáng）：日出。

③燠（yù）：暖，热。

④曰时：要是。曰，语气词，无意义。

⑤叙：次序。

⑥蕃：滋。庑：丰。

⑦一极备：其中一项过多。

⑧一极无：其中一项太欠缺。

【译文】

"第八章，各种征象：雨、晴、暖、寒、风。要是五项都具备，各按其规律发生，就能使草木繁盛，庄稼丰收。如果其中某一项过多，就不利；某一项欠缺，也是不利。

"曰休征①：曰肃②，时雨若③；曰乂，时旸若；曰哲，时燠若；曰谋，时寒若；曰圣，时风若。

【注释】

①休：美好。

②肃：即上文第二畴"恭作肃"的"肃"，指君王态度严肃，庄敬。下"乂"、"哲"、"谋"、"圣"皆同。

③时：适时。若：助词，无意义。

【译文】

"美好行为的征兆：君王表现肃敬，雨水恰到好处地降下来；君王政治休明，太阳按时普照大地；君王处理事情明智，气候适时温暖；君王深谋远虑，天气适时转寒；君王明识通达，和风定时而至。

"曰咎征①：曰狂②，恒雨若③；曰僭④，恒旸若；曰舒⑤，恒燠若；曰急⑥，恒寒若；曰雺⑦，恒风若。

【注释】

①咎：过失。

②狂：狂妄。

③恒：常。

④僭：差，过失。

⑤舒：缓慢拖拉。

⑥急：急躁莽撞。

⑦雺：昏暗不明。

【译文】

"恶劣行为的征兆：君王行为放肆狂妄，常下大雨；君王行为动辄有差错，经常干旱；君王办事拖拉迟缓，天气经常炎热；君王办事冒失孟浪，天气经常寒冷；君王处事昏暗不明，经常大风不止。

"曰：王省惟岁①，卿士惟月②，师尹惟日③。岁月日时无易④，百谷用成⑤，乂用明⑥，俊民用章⑦，家用平康。日月岁时既易，百谷用不成，乂用昏不明，俊民用微⑧，家用不宁。

【注释】

①省：察。

②卿士：周王朝掌管国政最高级的官员。

③师尹：师氏、尹氏的连称。泛指周王朝高级文武百官。单称师氏是高级武官，尹氏是高级文官，即史官之长。这里，王统卿士，卿士统百官，比如以岁统月，以月统日，纲举目张。

④无：毋，不要。

⑤用：以。

⑥乂：治。

⑦俊民：才能特别高的人。章：显用。

⑧微：沉沦卑贱。

【译文】

"君王、卿士、师尹递相统率，就像岁、月、日递相隶属，纲举目张。岁、月、日自然有序而不错乱，庄稼才会获得丰收，政治就会清明，贤才也会显用，国家才能平安宁静。如果日、月、岁时间颠倒错乱，庄稼不会有收成，政治也会昏暗，贤才只能沉沦，国家当然就不得安宁了。

"庶民惟星①：星有好风②，星有好雨。日月之行，则有冬有夏；月之从星，则以风雨③。

【注释】

①庶民惟星：老百姓就像星星。

②星有好（hào）风：星星有爱好风的，意思是星星能影响造成风。下"好雨"同。

③月之从星，则以风雨：古人传说月亮运行经过爱好风雨的星就会引起风雨。这里是比喻意，强调君王

要加强统治，不能迁就民欲。

【译文】

"庶民们好比星星：能够影响风雨调顺。日、月按一定规律运行，就会产生冬夏。如果月亮行道时，从星所好，就会引起风雨，顺从民欲，就会政教失常。

"九，五福①：一曰寿，二曰富，三曰康宁②，四曰攸好德③，五曰考终命④。六极⑤：一曰凶短折⑥，二曰疾，三曰忧，四曰贫，五曰恶⑦，六曰弱⑧。"

【注释】

①福：幸福的事。

②康宁：健康安宁。

③攸：修。

④考终命：终天年。考，老。

⑤极：这里指惩罚、恶事。

⑥凶短折：相当于"不得好死"。

⑦恶：凶恶。

⑧弱：懦弱，衰弱。

【译文】

"第九章，五种幸福：一是长寿，二为富贵，三是健康安宁，四是敬修美德做好事，五是老而得善终。六种惩罚：一是不得好死，二是疾病，三是忧患，四是贫穷，五是凶恶，六是衰弱。"

金縢

"金縢（téng）之匮"，犹今云"铁柜子"，用于藏放王室机密文件。本篇叙述武王灭商后两年，生了重病，周公旦请求先王在天之灵让自己代替武王去死，并将祝册放在"金縢之匮"中，武王很快病就好了。武王死后，成王幼弱，由周公摄政，管、蔡放出谣言诽谤周公，周公为示清白，避居东方。后来，天降警告，成王打开金匮，知道始末，迎回了周公。《史记》录入《鲁周公世家》中。

本篇也有很多问题，一直被后代学者怀疑，但一般来说，我们认为《金縢》所述的故事主体是真实的，只是内容上掺杂了传闻，形成篇章时也有可能经过史官的增益。

既克商二年①，王有疾②，弗豫③。二公曰④："我其为王穆卜⑤？"周公曰⑥："未可以戚我先王⑦。"

【注释】

①既克商二年：武王克商在文王受命十一年，这是十三年。

②王：指周武王。

③弗：不。豫：安。

④二公：太公望和召公奭。

⑤其：将。穆卜：占卜。"穆"字表敬重。

⑥周公：周武王弟，名旦。

⑦戚：使感动。

【译文】

灭商之后两年，武王生了病，很不舒服。太公和召公说："我们替王卜筮吧？"周公道："这不能感动我们先王。"

　　公乃自以为功①：为三坛②，同墠③；为坛于南方，北面，周公立焉，植璧秉珪④，乃告太王、王季、文王⑤。

【注释】

①公：周公。功：人质。

②坛：祭坛。

③墠（shàn）：祭祀用的平地。

④植：放置，放。璧：环状的扁平圆玉块。秉：执。

珪：上为三角状，下为长条矩形的玉块。

⑤太王、王季、文王：给周王朝的建立打下基础的三位"先王"。太王即古公亶父，王季的父亲，文王的祖父，他率领周族从豳地迁到岐山下称为周原的地方，定居下来，从事农业生产，并建立国家政权。儿子季历即位，继续发展，与商王朝发生矛盾。到周文王时势力日益强大，遂称"王"，并追尊古公为"太王"，公季为"王季"。

【译文】

于是周公以自己的身体做抵押：在一个场上筑成三座坛，又在南面起了一座坛，朝着北方，周公站在上面，陈设好了璧，手捧着珪，向太王、王季、文王祝告。

　　史乃册祝曰①："惟尔元孙某遘厉虐疾②；若尔三王是有丕子之责于天③，以旦代某之身。予仁若考④，能多材多艺，能事鬼神。乃元孙不若旦多材多艺，不能事鬼神。

【注释】

①史：史官中担任"作册"的史官，或称"内史"。

　册：简书。祝：读简书告神灵。

②元孙：长孙。某：指武王姬发。遘（gòu）：遇。

　虐：恶。

③丕子之责：《书经传说汇纂》引晁以道说："犹史传中'责其侍子'之'责'。盖云上帝责三王之侍子。侍

子，指武王也。上帝责其未来服事左右，故周公乞代其死。"是也。丕子，大儿子。

④若：而。考：通"巧"。

【译文】

史官拿着册子，阅读祝文道："你们的长孙某得了很严重的病；如果你们三王在天之灵需要召他去服侍你们，那就请让我小子旦来代替吧。我仁能又很灵巧，而且多才多艺，能够服事鬼神。你们的长孙并不是多才多艺的，他哪里能够服事鬼神呢？

"乃命于帝庭①，敷佑四方②，用能定尔子孙于下地③，四方之民罔不祗畏④。呜呼！无坠天之降宝命，我先王亦永有依归⑤！

【注释】

①乃命于帝庭：你们在天庭里承受的天命。乃，你们。
②敷佑：即"抚有"。同音假借。
③用：因此。
④祗：敬。
⑤依归：指宗庙。

【译文】

"你们在天帝那里承受了大命，拥有天下四方，能够安定你们的子孙，四方民众无不敬畏。唉！只要保有上天的大命，先王的神灵也就永远可以安享宗庙。

"今我即命于元龟①。尔之许我，我其以璧与珪，归俟尔命②。尔不许我，我乃屏璧与珪③。"

【注释】

①即：将。命：受命。元龟：大宝龟。

②俟（sì）：等待。

③屏：抛弃。

【译文】

"现在我根据大龟来接受你们的命令了。如果答应我，我就把璧和珪献给你们，回去等候你们的命令。如果不答应，我就要把璧和珪拿开了。"

乃卜三龟①，一习吉②。启籥见书③，乃并是吉④。公曰："体⑤，王其罔害⑥！予小子新命于三王，惟永终是图⑦。兹攸俟⑧，能念予一人。"

【注释】

①乃卜三龟：在三王灵前各摆一只龟。

②习：重复，因袭。

③籥（yuè）：简书。

④并是吉：指武王和周公并吉。

⑤体：幸。

⑥其：大概。罔：无。

⑦永：长。图：谋划。

⑧兹：此。攸：助词，宾语前置时用之。俟：等。

于是他在三王灵前各摆了一只龟，进行占卜，都一致得到吉兆。打开简册，把卜兆的话翻出来一看，乃是王和周公一并得到了吉兆。周公说："真幸运，王的病不要紧了！我新受了三王的命令，也可以永久替国家谋划。现在我就等着这个吧！三王一定是记挂关心我的。"

公归，乃纳册于金縢之匮中①。王翌日乃瘳②。

【注释】

①縢（téng）：封缄用的丝。匮（guì）：匣。

②翌（yì）日：第二天。瘳（chōu）：病愈。

【译文】

周公回去，把这篇祝文安放在封固的铜柜子里。武王的病第二天就好了。

武王既丧①，管叔及其群弟乃流言于国曰②："公将不利于孺子③！"

【注释】

①既丧：死后。

②管叔：名鲜，周文王之子，武王大弟，周公之兄。其封地在今郑州附近。流言：造谣。

③孺子：儿童的通称。钱大昕《十驾斋养新录》说古代天子诸侯等的嫡长子承位者专称孺子。这里指武

王之子成王。

【译文】

后来武王死了，管叔和他几个弟弟在国内造谣说："周公对这个小主人要不怀好意了！"

周公乃告二公曰："我之弗辟，我无以告我先王。"周公居东二年①，则罪人斯得②。于后，公乃为诗以贻王③，名之曰《鸱鸮》④。王亦未敢诮公⑤。

【注释】

①居东：居国之东，指周公为逃避嫌疑，离开国都，暂居东方某地。

②罪人：指造谣的人。斯：乃。

③贻：赠送。

④鸱鸮（chīxiāo）：一种小鸟。周公所作《鸱鸮》之诗，见于《毛诗·豳风》。

⑤诮（qiào）：责备。

【译文】

周公就对二公说："如果现在我不逃避，我不能对得住先王。"他避到东方住了两年，几个造谣言的人最终被抓获。后来，周公写了一首诗送给成王，题目叫《鸱鸮》。成王也没有怎么说他。

秋①，大熟②，未获③，天大雷电以风④，禾尽偃⑤，大木斯拔⑥，邦人大恐。王与大夫尽弁⑦，以启金縢之书，乃得周公所自以为功代武王之说⑧。

【注释】

①秋：居东二年之秋。

②大熟：农作物大熟。

③未获：尚未收割。

④以：与。

⑤偃：倒伏。

⑥斯：尽。

⑦弁（biàn）：朝服。

⑧说：祝册中的祝辞。

【译文】

那一年秋天，庄稼长得很好，还没有收割，忽然起了大雷电，还有大风，把许多禾黍都刮倒了，很大的树木都被连根拔起，国内的民众大为惊慌。王和卿大夫们都穿戴朝服准备占卜，打开贮放占卜祝册的封固的铜柜子，于是看到了周公把自己做抵押替代武王死的祝辞。

二公及王乃问诸史与百执事①。对曰："信②。噫公命③，我勿敢言。"王执书以泣曰："其勿穆卜！昔公勤劳王家，惟予冲人弗及知④。今天动威以彰周公之德⑤，惟朕小子其新逆⑥，我国家礼亦宜之。"

【注释】

①史：即上文读祝册之史。百执事：掌管卜筮册祝及

典藏金縢之匮的各执事官员。

②信：确实。

③噫：通"抑"，但是。

④予冲人：即"余小子"，君王自称。

⑤彰：表明，彰显。

⑥新：通"亲"。逆：迎。

【译文】

二公和成王就这件事询问祝史和各执事之官，他们回答说："是这样的。但这是周公的命令，我们一直没敢说。"王手里拿着祝册，流着泪说："不要占卜了！以前周公替王室出了那么多力，我这个幼年人全都不知道。现在上天发出威严，彰显周公的德行，我小子应当亲自去迎接，这在国家礼制上也是适宜的。"

王出郊①，天乃雨，反风②，禾则尽起。二公命邦人，凡大木所偃，尽起而筑之③。岁则大熟。

【注释】

①郊：国都郊外。

②反风：风转向倒吹了。反，同"返"。

③尽起而筑之：将大树压倒的禾扶起来拾取其穗。

【译文】

成王出了郊外，天下雨了，风也倒吹了，禾黍都竖起来了。二公吩咐国内百姓，把被大树压倒的禾黍扶起来拾取穗子。这一年仍然获得了一个大收成。

大　诰

诰，告诫劝勉之意，“大诰”即普遍广泛地告导。《大诰》讲述周武王死后，成王幼弱，由周公摄政。管叔、蔡叔嫉恨周公，勾结殷王武庚发动了叛乱。周公为了动员周人出兵征伐，发表了诰辞，反复强调平乱、东征的意义，希望各诸侯国同心同德，顺应天命。终于完成了动员，讨平了叛乱，巩固了周王朝。史臣将周公这一次动员讲话记录下来，成为本篇。《史记·周本纪》说：“初，管、蔡畔周，周公讨之，三年而毕定，故初作《大诰》，次作《微子之命》，次《归禾》，次《嘉禾》，次《康诰》、《酒诰》、《梓材》。”可见其成篇在周公摄政，管蔡叛乱之后。

《大诰》中周公所讲多有当时的岐周方言，释读不易，《大诰》因此成了著名的诘屈难读的篇章。

　　王若曰①："猷大诰尔多邦越尔御事②，弗吊天降割于我家③，不少延④。洪惟我幼冲人嗣无疆大历服⑤，弗造哲⑥，迪民康⑦，矧曰其有能格知天命⑧！

【注释】

①王若曰：王这样说。此时周公假借成王名义说话，此"王"实指周公。

②猷（yóu）大诰：即诰，指天子对臣下的训导。"猷"是发语词，"大"是语气词，加重语气。尔：你。越：于，及。御事：朝廷百官。

③弗吊天：即"不淑天"，不善的天，降灾害的天。割：通"害"。我家：周的王家。

④少：稍。延：延缓。

⑤洪惟：发语词。我幼冲人：指年纪尚轻的周成王。嗣：继承。大历服：即"大历"与"大服"，长久的年代和伟大的禄命。

⑥造：遭。哲：吉。

⑦迪：引导。康：安康。

⑧矧（shěn）：何况。有：同"又"。格：至。

【译文】

　　成王这样说："现在我告诉你们各邦国首长和政府官员们，严厉的老天爷正严峻地给我们王家降下灾难，没有推延。我小子继承了这千秋大业，偏偏很不顺利，还不能引导百姓过上安乐的生活，更谈不上什么能知天命！

"已①！予惟小子若涉渊水②，予惟往求朕攸济③。敷贲④，敷前人受命⑤，兹不忘大功⑥。予不敢于闭⑦。

【注释】

①已：发语词，相当于"唉"。

②予惟小子：即"余小子"，周公代成王自称。渊：深。

③朕：我。攸：所以。济：渡过。

④敷：陈列，开展。贲：龟。

⑤前人：前代君王。

⑥兹：此。忘：通"亡"，失去。

⑦闭：壅塞。

【译文】

　　"唉！我小子好像准备渡过深水一样，必须寻求我可以安全渡过的地方。我要广泛开展龟卜方式，发扬光大我们祖宗所接受的天命，这才能守住先王功业。我可不敢自取停滞。

　　"天降威，用文王遗我大宝龟绍天明①。即命曰②：'有大艰于西土，西土人亦不静③，越兹蠢殷小腆④，诞敢纪其叙⑤！天降威，知我国有疵⑥，民不康，曰："予复⑦！"反鄙我周邦⑧，今蠢今翼⑨，日民献有十夫予翼⑩，以于敉文、武图功⑪。我有大事⑫！休⑬？'朕卜并吉⑭！

【注释】

①绍：卜问。明：通"命"。

②命曰：占卜前要将所占之事向鬼神提出，称为"命龟"，即此。

③西土人：指周朝派往东土的管叔、蔡叔等一班监视武庚的人。西土指周都镐京，在今陕西西安的西面。

④越：发语词。兹：此。蠢：蠢动，不安分。腆：丰厚。

⑤诞：发语词，无意义。纪：整理。叙：通"绪"，旧的法纪传统。

⑥疵：毛病。这里指周室内部的不团结。

⑦予复：恢复旧邦。此引武庚之言。

⑧鄙：使成为边境。

⑨今蠢今翼：(武庚他们)像害虫蠢动、恶鸟飞扑一样。蠢，虫子蠕动的样子。翼，鸟的翅膀。

⑩日：近日。民献：臣服于征服者而仍统治本族奴隶的贵族。十夫：一群人。予翼：倒文，即"翼予"，辅佐我。

⑪于：往。粜（mǐ）：完成。图：大。

⑫大事：指东征的军事行动。

⑬休：美好。

⑭卜并吉：殷周进行占卜时，用三个卜人进行占卜。这里就是说三个龟壳都显示了吉兆。

【译文】

"自从老天降下威严，我就用文王传下来的大宝龟来卜问天命。我祷告说：'我们西土有大灾难落到头上来了，就连我们派出去的西土人也不老实了，不安分的殷人刚恢复了一点力量，就妄想恢复旧业！他们趁老天爷降下威严，知道我国出了些问题，百姓也不安起来，就叫嚣说："我们要借此光复旧业！"妄想把我周邦作为他们的属地，现在他们就像虫鸟一样蠢动飞扑。近来，幸好在归顺我们的殷人里，有一批贵族辅助我们，一同去完成文王和武王的大功业。现在我准备发兵东征了！请问这次是吉还是凶？'结果，三个龟版全都呈现出吉兆。

"肆予告我有邦君越尹氏、庶士、御事曰①：予得吉卜，以惟以尔庶邦②，于伐殷逋播臣③！

【注释】

①肆：所以现在。尹氏：周王朝的史官，职掌书写王命。庶士：众多官员。

②以：用。庶邦：许多属邦。

③于伐：征伐。逋播：逃亡。

【译文】

"现在我明白告知你们各位邦君和各级官员：我已得到了很吉利的卜兆，我要带领你们属邦的军队，去讨伐那些殷商叛乱的亡命之徒！

"尔庶邦君越庶士、御事罔不反曰①：'艰大②，民亦不静，亦惟在王宫、邦君室③，越予小子考翼④，不可征。王害不违卜⑤？'

【注释】

①罔：无。反：同"返"，复命，回答上级。

②艰：困难。

③王宫：管叔、蔡叔是周朝亲族，所以这样说。邦君室：管叔、蔡叔是分封土地的诸侯，所以这样说。

④越：发语词，无意义。考翼：当作"孝友"，指父兄。

⑤害：通"曷"，何。

【译文】

"但是你们许多邦君和各级官员倒回答我：'困难很大呀！百姓也不老实，而且这些乱子就出在我们王朝的宫廷和王族诸侯的家室之间，我们本于孝友的原则，可不能大行征伐。王啊，您为什么不违背卜兆呢？'

"肆予冲人永思艰，曰：乌虖①！允蠢②，鳏寡哀哉③！予造天役遗④，大投艰于朕身⑤。越予冲人不卬自恤⑥，义尔邦君越尔多士、尹氏、御事绥予曰⑦：'无毖于恤⑧！不可不成乃文考图功⑨！'

【注释】

①乌虖：同"呜呼"，相当于"唉呀"。

②允：实在。蠢：动乱。

③鳏（guān）寡：指无依无靠的孤独之人。

④造：通"遭"。役：同"及"。

⑤大：语助词，无意义。

⑥卬：我。恤：忧。

⑦义：应该。绥：劝告。

⑧无：发语词，无意义。毖：谨慎，勤劳。

⑨文考：指周文王。

【译文】

　　"因此，我对这些困难进行了深沉的思考，我要对你们说：唉！这些叛乱之徒真的蠢动起来了，老百姓遭受这灾难多么可悲呀！这是我遭到了老天爷的责罚，艰难困苦压到了我的身上。如果我小子对这样的大事还不知忧苦，你们各个邦君和各级官员正该劝谏我说：'您为什么不仔细地忧虑呢！您的先人文王的大功不能不由您去完成啊！'

　　"已！予惟小子不敢僣上帝命①。天休于文王②，与我小邦周。文王惟卜用③，克绥受兹命④。今天其相民⑤，矧亦惟卜用⑥。乌虖！天明畏⑦，弼我丕丕基⑧！"

【注释】

①僣：不信。

②休：通"庥"，庇护。

③卜用：用占卜。

④克：能。绥：继承。

⑤相：帮助。

⑥矧（shěn）：又。

⑦天明畏：即"畏天命"。

⑧弼：辅佐。丕：大。

【译文】

"唉！我小子决不敢不信天命。老天爷庇佑着文王，使我们小小周邦兴盛了起来。文王就是由于懂得遵照占卜行事，才能继承大命。现在老天爷还是会给我们降福的，只要我们还能依照占卜行事。啊！天命威严可畏啊！大家一同来辅佐我成就基业吧！"

王曰："尔惟旧人①，尔丕克远省②？尔知文王若勤哉③！天阅毖我成功所④，予不敢不极卒文王图事⑤。肆予大化诱我友邦君⑥：天棐忱辝⑦，其考我民⑧，予害其不于前文人图功攸终⑨！天亦惟用勤毖我民⑩，若有疾，予害敢不于前文人攸受休毕⑪！"

【注释】

①尔：你们。旧人：旧臣。

②丕：大。克：能。远省：当作"遹省"，遵循。

③若：如此。

④阅（bì）毖：谨慎诰教。所：所在，所由。

⑤极卒：赶快完成。极，通"亟"。卒，完成。

⑥化诱：教导。

⑦棐忱：不信。棐，通"匪"，非，不。忱，通"谌"，相信。辝：同"台（yí）"，我。

⑧考：成全，安定。

⑨害：通"曷"。其：语词，无意义。攸：是。

⑩勤：劳。指征伐之役。

⑪攸受休：所受上天的庇佑。毕：结束。这里指祛除
（疾病）。

【译文】

王接着说："你们这些人，很多是我先文王的旧臣，你们能够很好地遵循文王的遗轨吗？你们知道文王曾多么勤劳于王事么！现在老天爷已经把成功的道理教给我了，我实在不敢不尽快完成文王的大事。所以我深切地告诫各位邦君：老天爷并不是随便信任我的，它只是为了安定我们的百姓才这样的。我怎么敢不为先王遗下的伟大功业争取最后胜利！现在老天爷又要勤劳我们的百姓，从事东征了，正像对待瘟疫一样，我哪敢不为先王所受天命，而不去彻底清除它！"

王曰："若昔朕其逝①，朕言艰日思②。若考作室③，既厎法④，厥子乃弗肯堂⑤，矧肯构⑥；厥考翼其曰'予有后，弗弃基'⑦？厥父菑⑧，厥子乃弗肯播，矧肯获；厥考翼其肯曰'予有后，弗弃基'？肆予害敢不越卬敉文王大命⑨！

【注释】

①若：如。昔：以前。逝：通"誓"，诰教。

②言：于。

③考：父。

④厎：定。法：指造房屋的构图尺寸规定。

⑤乃：尚且。堂：高出地面四方形土台。这里指堆土

以奠定房基。

⑥矧：何况。构：屋架。

⑦翼：通"繄"，语助词，无意义。其：哪里会。

⑧菑（zī）：田中除草和翻土的工作。

⑨越卬：于我，即趁我这一生。籹（mǐ）：安定，完成。

【译文】

王又说："像前面我对你们所宣讲过的，我正天天深长地思考这件困难的工作。打个比方吧，就像一位父亲想造房子，已经定好了建筑的规划，他的儿子却连堆土夯房基的工作都不能做，更何况去搭架梁椽呢；这时父亲难道还能说'我有好后代，不会抛弃我的基业'吗？又如一位父亲在田地里已经翻好土地，他儿子连播种都不干，更不用说收割了；这时父亲难道还能说'我有好后代，不会抛弃我的基业'吗？像这样，所以我才不敢不及早努力继承、完成文王所承受的伟大天命。

"若兄考①，乃有伐厥子②，民养其观弗救③？"

【注释】

①兄考：即"皇考"。这里可以理解为周公隐指成王父亲武王。兄，同"贶"，又通"皇"，高大之谓。

②伐：侵伐，欺侮。厥：其，他的。

③民养：指奴隶、仆人。这里可理解为周室官员。观：观望。

"像现在这样，武王死了，坏人来欺侮攻伐他的儿子，国家官员们可以袖手旁观而不去救援吗？"

王曰："呜呼！肆我告尔庶邦君^①，越尔御事：爽邦由哲^②，亦惟十人迪知上帝命越天棐忱^③，尔时罔敢易定^④，矧今天降戾于周邦^⑤，惟大艰人诞以胥伐于厥室^⑥。尔亦不知天命不易^⑦！

【注释】

① 肆：今。

② 爽：句首语气词。由哲：亦作"迪哲"，昌明顺利。指文王、武王之时。

③ 十人：指一批大臣。十，是虚数。迪知：用知。越：及。棐：通"匪"。忱：通"谌"，信。

④ 易：改变。定：天的定命。

⑤ 戾：定，安定。

⑥ 大艰人：指武庚、管叔、蔡叔等叛徒。诞：语助词，无意义。胥：相。厥室：叛周者的家室。

⑦ 不易：不变。

【译文】

王又说："啊！现在我要告诉你们各个邦君和官员们，本来我们周邦国势昌明顺利，那是由于有一批贤臣，他们能认识到不可无条件地一味依赖天命。那时他们都不敢违背上帝的命令，何况现在老天爷又把这安定天下的命令降给了我们，注定那些发难的叛乱之徒到头来只会相互毁掉自己的家室。难道你们还不知道上帝的命令是根本不会改变的吗！

"予永念曰：天惟丧殷，若穑夫^①，予害敢不终朕亩^②！天亦惟休于前文人，予害其极卜^③？敢弗于从率文人有旨疆土^④，矧今卜并吉！肆朕诞以尔东征^⑤！天命不僭^⑥，卜陈惟若兹^⑦。"

【注释】

①穑夫：农夫。穑，耕稼。

②害：通"曷"。这里理解为"为什么不"。

③极：通"亟"，赶快。

④从：遵守。率：语助词，无意义。文人：即周文王。
旨：美好。

⑤肆：所以。

⑥僭：不信。

⑦陈：陈列。惟：有。若兹：像这样。

【译文】

"我经过了长时间的考虑，认为：老天爷早已决定要灭绝殷商，好像农夫种地一样，我哪敢不顺着天时把自己的农活善始善终地都干完！从前上天降福于文王，我为什么不能像先王那样抓紧进行占卜？就是为了不敢不守住文王开创的大好疆土，何况现在占卜都已得到吉兆！所以我就要带领大家东征了！天命不可不信，试看占卜的兆象何等清楚！"

康　诰

　　《康诰》是周王朝册封文王之子康叔于卫国时的诰辞。《史记·卫康叔世家》载："卫康叔名封，周武王同母少弟也。……周公旦以成王命兴师伐殷，杀武庚禄父、管叔，放蔡叔。以武庚殷余民封康叔为卫君，居河、淇间故商墟。周公旦惧康叔齿少，乃申告康叔曰，必求殷之贤人君子长者，问其先殷所以兴，所以亡，而务爱民。"《尚书大传》也记载了周公摄政二年平定武庚叛乱，三年践奄之后，回到宗周作《多方》，四年建侯卫，封鲁侯伯禽、卫康叔等。这篇《康诰》就是册封康叔的诰命，篇中反复告诫康叔要明德慎罚，爱护殷民。《康诰》和下文《酒诰》、《梓材》两篇，因为都是周公对康叔说的话，习惯上合称为"康诰"三篇。

　　据刘起釪先生的统计，此篇在先秦文献中引用次数最多，共计三十余次。

惟三月哉生魄①，周公初基作新大邑于东国洛②，四方民大和会③，侯、甸、男邦、采卫、百工、播民④，和见士于周⑤。周公咸勤⑥，乃洪大诰治⑦。

【注释】

①哉生魄：月初。哉，开始。魄，《说文》作"霸"。马融说："魄，朏（fěi，月光）也。谓月三日始生兆。朏，名曰魄。"王国维《生霸死霸考》说："古人记时，月分四期：一曰初吉，二曰既生霸，三曰既望，四曰既死霸。又有哉生霸，旁生霸，旁死霸三名。"具体分期，自一日至七、八日为初吉，八、九日至十四、五日为既生霸，自十五、六日至二十二、三日为既望，自二十三、四日至月底为既死霸。每月的二、三日为哉生霸，二、三日之后也可以称哉生霸，所以哉生霸也可以是每月的五、六日。

②初基：于省吾《尚书新证》说"基"通"其"，"初其，犹金文之言'启其'、'肇其'，乃周人语例。周公初基作新大邑于东国洛者，周公始其作新大邑于东国洛也。"即刚开始奠定基业的意思。大邑：国都。洛：《史记》作"雒"，今河南洛阳。

③四方民大和会：四方诸侯朝觐周天子的会同之礼。

④侯、甸、男邦：即侯邦、甸邦、男邦。采卫：这里指与侯、甸、男并立的附庸小国。百工：百官。播民：指一些侯、甸、男邦及采卫中所领有之殷余民，但主要当是迁至洛邑的殷余民。

⑤和：合，会。见士：即"见事"，效力，做事。

⑥咸：都。勤：劳，慰劳。

⑦洪：语助词，无意义。治：通"辞"，言辞。

【译文】

三月初，周公在东方的洛阳开始营建新的大城市，四方的臣民都来朝觐，侯、甸、男、采卫诸邦邑的百官和迁徙来的殷余民，都来为周王朝效力。周公一一慰劳他们，发表了一篇告诫他们的训辞。

王若曰①："孟侯②，朕其弟小子封③。惟乃丕显考文王克明德慎罚④，不敢侮鳏寡⑤，庸庸祗祗威威显民⑥。用肇造我区夏⑦，越我一二邦⑧，以修我西土⑨，惟时怙冒闻于上帝⑩。帝休⑪，天乃大命文王殪戎殷⑫，诞受厥命越厥邦厥民⑬。惟时叙乃寡兄勖⑭，肆汝小子封在兹东土⑮。"

【注释】

①王若曰：王如此说，王这样说。是史臣代宣王命时的开头用语。

②孟侯：康叔的另一称呼。

③小子：对亲属的一种亲昵的称呼。这里指康叔。封：康叔名。康叔为周文王之子，武王和周公之弟，成王之叔。

④乃：你的。丕：大。显：光辉。考：父。克：能。明：通"勉"。

⑤鳏（guān）寡：古人成语。指下层孤独无靠的人民。

⑥庸庸祗祗威威显民：据于省吾《尚书新证》说，当读为"庸祗威，庸祗威显民"，庸，用。祗，敬。威，敬畏。显民，有声望的人。

⑦用：以。肇：始。区夏：华夏地区。

⑧越：与，及。一二邦：指周王朝统治下的一些分封诸侯。

⑨修：长。西土：指周族原居地今陕西一带。

⑩时：通"是"。怙（hù）：依恃。冒：上。帝：天帝。

⑪休：赞美。

⑫命：降命。殪（yì）戎殷：灭掉这大殷。殪，死，尽。戎，大。

⑬诞：语助词。越：与。厥：其。

⑭惟：语助词。时叙：承顺，延续。乃：你的。寡兄：大兄。勖（xù）：勉。

⑮肆：因此，所以。东土：指康叔新受封的卫地，即今河南淇县一带。

【译文】

王这样说："孟侯，我的弟弟封呀。你的伟大父亲文王最能英明地施行赏赐和谨慎地实行刑罚，又不欺侮那些孤独无依的小民，而且还敬畏那些有声望的人。所以他能缔造我华夏地区，包括我们好几个小邦，还扩展了西边的领土，由此他的德业上闻于天帝。天帝十分赞美，就降大命给文王，要他灭掉这强大的殷国，承受殷国原有的天命和土地、百姓。现在你承接着你大哥武王所奋勉的大业，所以你才会到东方这块土地上。"

王曰："呜呼！封，汝念哉^①！今民将在^②！祗遹乃文考^③，绍闻衣德言^④。往敷求于殷先哲王^⑤，用保乂民^⑥；汝丕远惟商耇成人^⑦，宅心知训^⑧；别求闻由古先哲王^⑨，用康保民^⑩。宏于天若德，裕乃身不废在王命^⑪。"

【注释】

①念：思考。

②将在：即"伤哉"。古音通假。

③祗：敬。遹（yù）：述，循。

④绍：继。衣：通"殷"。

⑤敷：广。

⑥用：以。保乂：即"俾乂"，保有和治理。

⑦丕：不。惟：语助词。商：殷商。耇（gǒu）：老。

⑧宅心：放在心里。宅，居。知训：知道听取教训。

⑨别：通"辩"，遍。闻：遗闻。由：于。

⑩康：安。

⑪裕：同"欲"。

【译文】

王说："啊！封呀，你想想吧！现在百姓是多么痛苦啊！你应当敬重遵循父亲文王的德业，还要继承殷人好的文化。这次要广泛寻求殷家古先圣王的治国之道，用来安定和治理那里的百姓；在那里有许多殷商德高望重的人离你不远，要把他们放在心里，知道去听他们的教导；再普遍寻求古先圣王的遗闻旧政，使百姓生活安乐。你应该发扬上天的大德，就是要你不废弃王朝给你的宠命。"

王曰："呜呼！小子封，恫瘝乃身①，敬哉②！天畏棐忱③，民情大可见，小人难保④。往尽乃心，无康好逸⑤，乃其乂民⑥。我闻曰：'怨不在大，亦不在小。'惠不惠⑦，懋不懋⑧。已⑨！汝惟小子，乃服惟弘⑩。王应保殷民，亦惟助王宅天命⑪，作新民。"

【注释】

①恫（tōng）：痛。瘝（guān）：病。

②敬：警觉，警惕。

③畏：通"威"。

④小人：小民。保：安抚。

⑤康：一作"桐"，通"侗（tǒng）"，长久。

⑥乂：治理。

⑦惠不惠：施恩惠于不驯顺的人。前一"惠"字作动词，施惠；后一"惠"字释为驯顺。

⑧懋不懋：劝勉不勤勉的人。

⑨已：叹词。

⑩乃：你的。服：官事，职务。弘：宏大。

⑪宅：安定。

【译文】

王说："啊！封呀，百姓的痛苦像缠在你的身上一样，你要注意啊！老天的威严不可测知，可是民情却是很容易见到的，要知道老百姓是难于安抚的。你去了之后，要尽心尽力办事，不要老是贪图安逸，爱好享乐，这才能治理好百姓生活。我听说：'百姓的怨恨不一定出在大事上，也不一定出在小事上。'因此你要小心，善于施惠于那些不驯顺的人使之柔顺，劝勉那些不勤勉的人使之勤于职事。唉！你虽年轻，担当的职务可非常重大。我周王已承受了天命来保养殷民，你要助我王家安定好这天命，把这些殷民改造成新的百姓。"

王曰："呜呼！封，敬明乃罚。人有小罪，非眚^①，乃惟终^②，自作不典^③，式尔^④；有厥罪小^⑤，乃不可不杀。乃有大罪，非终，乃惟眚灾，适尔^⑥；既道极厥辜^⑦，时乃不可杀。"

【注释】

①眚（shěng）：察。

②乃惟终：犹云"怙恶不悛"，坏到底。

③典：法。

④式尔：故意常犯罪。

⑤有：虽。

⑥适尔：偶然犯罪。

⑦道：当作"迪"，用。极：责罚。辜：罪。

【译文】

王说："啊！封呀，你要谨慎于使用刑罚。有人犯的是小罪，但他自己不承认，坚持错到底，主动违法犯纪，故意常常犯罪；那么虽然罪小，不可不杀。有的犯有大罪，但不是坚持错到底，而能认罪悔过，又是偶然犯罪；既已对他用了适当的责罚，这就不该杀了。"

王曰："呜呼！封，有叙时^①，乃大明服^②，惟民其勑懋和^③。若有疾，惟民其毕弃咎^④。若保赤子^⑤，惟民其康乂^⑥。非汝封刑人杀人^⑦，无或刑人杀人^⑧；非汝封又曰劓刵人^⑨，无或劓刵人。"

【注释】

①叙时：承叙，承顺。此采用王引之《经义述闻》之说。

②服：使……心服。

③勑（lài）：勤。懋：勉。

④毕：攘除疾病。弃：通"祓"，除恶。咎：疾。

⑤赤子：婴孩。

⑥惟：则。康：安，保。

⑦非：除非。

⑧无或：没有谁。

⑨又：有。劓（yì）：割鼻之刑。刵（èr）：截耳之刑。

【译文】

王说："啊！封呀，如果你能照着这样做，就显示出你的公正严明，自然能服众，百姓就会勤勉和顺了。就像有疾病时，百姓会以祓祭攘除它一样，去掉所有过失。只要像保育婴孩一样，百姓自然会因安乐而被治理得很好。除非封你自己要施人刑罚或杀人，没有谁可以施人刑罚或杀人；除非封你说要割人的鼻子或耳朵，没有谁可以割人的鼻子或耳朵。"

王曰："外事^①，汝陈时臬司^②，师兹殷罚有伦^③。"又曰："要囚^④，服念五六日^⑤，至于旬时^⑥，丕蔽要囚^⑦。"

【注释】

①外事：外朝听狱之事。此采用江声《尚书集注音疏》之说。

②陈：列。时：通"是"。臬（niè）：法规，刑律。

③师：效法。罚：通"法"。伦：条理。

④要（yāo）囚：古音通借又作"幽囚"，监禁犯人。

⑤服念：二字同义，思。

⑥旬时：殷代历法，一月分三旬。

⑦丕：乃。蔽：又作"弊"，断。

【译文】

王说："外朝审问案件，你要安排好司法人员，按照殷代的刑罚来治理，自会有条理。"又说："对于囚禁的犯人，要仔细审理五六天，甚至十来天，直到确定没有冤屈，再去量定刑罚。"

王曰："汝陈时臬事^①，罚蔽殷彝^②，用其义刑义杀^③，勿庸以次汝封^④。乃汝尽逊^⑤，曰时叙^⑥，惟

曰未有逊事。已！汝惟小子，未其有若汝封之心⑦。朕心朕德，惟乃知。凡民自得罪，寇攘奸宄⑧，杀越人于货，暋不畏死⑨，罔弗憝⑩。"

【注释】

①事：同上"汝陈时臬司"之"司"，指司法办事人员。

②彝：常法。

③义：适应，顺应。

④庸：用。次：迁就。

⑤乃：若。逊：顺。

⑥曰：语助词。时叙：承顺。

⑦若：顺。

⑧寇：抢劫。攘：盗取。奸宄（guǐ）：邪恶行为。

⑨暋（mǐn）：强。

⑩憝（duì）：怨。

【译文】

王说："你安排好司法人员，用殷代常法来断狱，该判刑的要判刑，该杀的就要杀，切不可迁就你个人意志。如果你迁就个人意志，还说是承顺上帝旨意，就不能说断案顺利。唉！你这年轻人，切不可顺从你个人意志。我的心意，我的做法，只有你能理解。凡是自取罪行的人，像抢劫、盗窃、奸邪之徒，他们惯于杀人截货，强悍而不怕死，没有人不痛恨希望他们死的。"

王曰："封！元恶大憝①，矧惟不孝不友。子弗祗服厥父事②，大伤厥考心③；于父不能字厥子④，乃疾厥子⑤。于弟弗念天显⑥，乃弗克恭厥兄；兄亦不念鞠子哀⑦，大不友于弟。惟吊兹不于我政人得罪⑧，天惟与我民彝大泯乱⑨。曰：乃其速由文王作罚，刑兹无赦。

【注释】

①元：大。

②祗：敬。

③考：父。

④字：爱。厥：其，他的。

⑤疾：憎恶。

⑥天显：上天规定的伦理常道。

⑦鞠子：稚子。

⑧吊：善，好。政：通"正"，长官。

⑨惟：语词。与：给予。彝：常法。泯：乱。

【译文】

王说："封啊！罪大恶极的人让人痛恨，但还有不孝不友的人更可恶。做儿子的不恭敬服事他的父亲，大伤他父亲的心；做父亲的不疼爱他的儿子，反而憎恶。做弟弟的不顾天伦之道，不敬重哥哥；做哥哥的也不考虑幼小的弟弟未离教养的可怜，反而不加爱护。如果宽容这些恶行而不被我们长官判罪的话，上天给我们所定下的伦理就将陷于紊乱。所以说：要赶紧按照文王的刑法惩处，来严惩这些恶行不宽赦。

"不率大戛^①，矧惟外庶子、训人惟厥正人越小臣诸节^②。乃别播敷^③，造民大誉^④，弗念弗庸，瘝厥君^⑤，时乃引恶^⑥。惟朕憝。已^⑦！汝乃其速由兹义率杀^⑧。亦惟君惟长不能厥家人越厥小臣外正^⑨，惟威惟虐，大放王命^⑩，乃非德用乂^⑪，汝亦罔不克敬典乃由^⑫。裕民惟文王之敬忌^⑬，乃裕民曰'我惟有及'^⑭，则予一人以怿^⑮。"

【注释】

①率：遵守。戛：楷，常法。

②矧：亦。外庶子、训人：诸侯国掌管教化的官员。外庶子专门负责贵族子弟的教育。正人：某项官职之长。越：与。小臣：官名。甲骨文中常见，主要从事占卜、祭祀、征伐等大事。西周中期以后地位降低为小吏。诸节：持有符节的官。

③别：另外。

④造：遭，迎合。

⑤瘝：病。引申为损害。

⑥时：是，此。引：助长。

⑦已：叹词。

⑧义：适宜。率：通"司"，治。

⑨君：封国之君。长：百官之长。能：善。这里作动词，使……善良。越：与。小臣外正：各封国中的官员。

⑩放：背弃。

⑪乂：治。

⑫罔：通"毋"。典：法。由：行。

⑬裕：同"欲"。敬忌：敬畏。

⑭我：民众自称。及：追随。

⑮怿（yì）：高兴。

【译文】

"还有不遵守王朝大法的，就是那些侯国掌教之官、各种政务长官及他们部下的小吏们。他们往往擅自发布条令，迎合百姓，不考虑对不对，损害君主的利益，助长下面的罪恶。这些人是我最痛恨的。哎！你应该赶快找理由把他们杀掉。还有分封的诸侯、贵族率众作恶，作威作福，背弃王命，这用德教是不能治理的，你切不可不用你的法律去制裁他们。我们常对文王保有敬畏之心，要百姓都能自己说'我愿意追随文王遗教'，那我就高兴了。"

王曰："封！爽惟民迪吉康^①，我时其惟殷先哲王德用康乂民作求^②；矧今民罔迪^③，不适不迪^④，则罔政在厥邦？"

【注释】

①爽：句首语助词。迪：善。康：安。

②时：通"是"。其：将。哲：智。作：为。求：通"逑"，匹，等。

③矧：何况。

④适：归。

【译文】

王说："封啊！百姓的境遇能够改善时，我们尚且要学习殷代圣王治民之方，而且希望运用得和他们一样；何况现在百姓境况并不好，简直无所归附，这个国家还有什么政治可言呢？"

王曰："封！予惟不可不监①，告汝德之说于罚之行②。今惟民不静，未戾厥心③，迪屡未同④；爽惟天其罚殛我⑤，我其不怨，惟厥罪无在大，亦无在多，矧曰其尚显闻于天⑥？"

【注释】

①监：通"鉴"。

②行：道理。

③戾：安定。

④迪：进，作。屡：数次，多次。同：和谐。

⑤爽：句首语气词。惟：虽。殛（jí）：诛罚。

⑥尚：上。显：明。

【译文】

王说："封啊！不可不借鉴历史，我来告诉你一些正确运用刑德的道理。现在殷民还没有安分，没有安定他们的心，屡次发生不和谐的事件；天帝已经在惩罚我们了，我承受而无怨言，只是希望他们的罪恶不要大，也不要多，何况现在的罪恶已明显地上达于天呢！"

王曰："呜呼！封，敬哉！无作怨①，勿用非谋非彝蔽时忱②，丕则敏德③。用康乃心④，顾乃德，远乃猷⑤，裕乃以民宁⑥。不汝瑕殄⑦。"

【注释】

①怨：引起怨恨的事情。

②彝：常法。蔽：败。时：通"是"。忱：信。

③丕则：于是。敏德：勉行政教。

④康：安好。乃：你的。

⑤猷（yóu）：谋略。

⑥裕：同"欲"。以：给予。

⑦不汝瑕殄（tiǎn）：不以你传世久远而灭绝。瑕，通"遐"，远。殄，绝。

【译文】

王说："唉！封呀，你要注意啊！不要做引起百姓怨恨的事，不要让失误的谋划和法令败坏了你的威信，要能勤勉政教。稳定你的思想，省察你的德行，使你的谋虑深远，要能给予百姓安宁。你的国祚才会一直传世久远，不遭灭绝。"

王曰："呜呼！肆汝小子封①，惟命不于常②，汝念哉！无我殄享③。明乃服命④，高乃听⑤，用康乂民。"

【注释】

①肆：因此，所以。

②惟：语气词。命：天命。

③享：享祀。这里指宗庙社稷。

④明：通"勉"。乃：你的。服命：王朝授予的官位
　职事。

⑤高：使……广阔高远。

【译文】

　　王说："啊！你小子封啊，天命无常，你须时刻牢记！
切毋自绝宗庙社稷。你应该勤勉职事和宠命，深远地听取
各方意见，以此治理好你的百姓。"

　　王若曰①："往哉！封！勿替敬②，典听朕诰③，
汝乃以殷民世享④。"

【注释】

①王若曰：本篇在篇首用"王若曰"，下面一直用"王
　曰"，这里又出现"王若曰"，可能衍一"若"字。

②替：废。

③典：常，经常。

④汝乃以殷民世享：康叔受封于殷地，统治区域内原
　是殷民。故云。

【译文】

　　王说："去吧！封！不要废弃敬畏之心，要常听我的教
导，你就可以拥有这些殷民，维系你绵绵不绝的国祚。"

酒 诰

　　《史记·卫康叔世家》记载:"周公旦惧康叔齿少,……告以纣所以亡者,以淫于酒。酒之失,妇人是用,故纣之乱自此始。……故谓之《康诰》、《酒诰》、《梓材》以命之。"《史记·周本纪》载:"初,管、蔡畔周,周公讨之,三年而毕定,故初作《大诰》,次作《微子之命》,次《归禾》,次《嘉禾》,次《康诰》、《酒诰》、《梓材》。"殷人大肆酗酒,以致亡国,康叔封于殷故地卫,周公恐其年少,于是发表此篇讲话,告诫康叔不能重蹈殷人的覆辙。

王若曰①："明大命于妹邦②！乃穆考文王肇国在西土③，厥诰毖庶邦庶士越少正御事④，朝夕曰：'祀兹酒⑤！惟天降命，肇我民，惟元祀⑥。天降威，我民用大乱丧德，亦罔非酒惟行⑦；越小大邦用丧⑧，亦罔非酒惟辜⑨。'

【注释】

①王：实指周公，非成王。

②明：宣布。妹邦：商都所处牧野之地，封于康叔为卫国首邑，在今河南淇县境内。

③穆考：对父亲的敬称。肇：始。

④诰毖：诰教。庶邦：众多国君。庶士：朝臣。越：与。少正：官名。御事：掌管王室事务的官职。杨树达《积微居读书记》说："此篇下文分外服、内服为言，其实全篇文字莫不分别言之。此文'庶邦庶士'，外服也；'少正御事'，内服也。"其说是。

⑤祀：通"已"，止。

⑥元祀：指文王受命改元之事。

⑦亦罔非酒惟行：伪《孔传》说："亦无非以酒为行。"

⑧越：及。

⑨亦罔非酒惟辜：伪《孔传》说："亦无不以酒为罪。"

【译文】

王这样说："把我的命令宣布给妹邦的百姓吧！敬爱的父亲文王建立西岐的时候，就开始早晚告诫许多属国和官吏以及其他内廷官长办事人员说：'禁止喝酒啊！上天降我大命，自改元之日起，百姓该过新生活了。天命威严，我们的百姓大乱而丧失德行，无非是喝酒造成的过错；以至于大大小小国家的丧亡，也无非是喝酒造成的罪恶。'

"文王诰教小子①：'有正、有事②，无彝酒③；越庶国④，饮惟祀⑤，德将无醉⑥；惟曰我民迪⑦。'小子⑧！惟土物爱⑨，厥心臧⑩，聪听祖考之彝训⑪，越小大德⑫。小子！惟一妹土⑬，嗣尔股肱⑭，纯其艺黍稷⑮，奔走事厥考厥长⑯；肇牵车牛远服贾⑰，用孝养厥父母。厥父母庆⑱，自洗腆致用酒⑲。

【注释】

①小子：晚辈，年轻人。

②有正、有事：指群臣。属内服。

③彝酒：经常喝酒。

④越：与。庶国：所属各国统治者。属外服。

⑤饮惟祀：即上文"祀兹酒"。

⑥德将无醉：饮酒要以德自持。将，扶持。

⑦惟：发语词。迪：正。

⑧小子：指康叔。下"小子"同。

⑨土物：黍稷，庄稼。

⑩臧：善。

⑪聪听：仔细地听。祖考：指文王。彝：常法。

⑫越：与。

⑬惟：语助词，无意义。一：乃。妹土：妹邦、妹邑。

⑭嗣：继承。股肱：犹如"手足"，指辅佐力量。

⑮纯：专一。艺：通"藝"，种植。黍稷：泛指粮食作物。

⑯事：服事。

⑰肇：始。服：从事。贾：经商。

⑱庆：喜庆欢乐。

⑲洗腆：清洁，丰厚。

【译文】

"文王告诫一班年轻人：'各群臣们不许经常喝酒；当和许多国君聚会时，按礼虽不得不喝，须以德自持，不致大醉；这样我们的百姓也会归于正道。'封啊！要热爱庄稼，勤修善政，敬尊祖宗遗训，及其大小品德。封啊！妹邦百姓继承你的事业成为辅助力量，应当专力于农事，为你们的父亲和兄长们尽心服务，或者牵了车子牛马出去经商，以此孝敬你们的父母，那时父母必然欢喜。做儿子的就可以趁着这好机会，备上丰盛洁净的酒席，阖家喝一回酒了。

"庶士、有正越庶伯、君子①！其尔典听朕教②！尔大克羞耇惟君③，尔乃饮食醉饱④。丕惟曰⑤：尔克永观省⑥，作稽中德⑦。尔尚克羞馈祀⑧，尔乃自介用逸⑨。兹乃允惟王正、事之臣⑩，兹亦惟天若元德⑪，永不忘在王家⑫！"

【注释】

①庶士：众士。指朝臣。有正：即"正"，指官长。以

上属内服。庶伯：众氏族之长。君子：指当时的统治阶级。以上属外服。

②其尔："尔其"的倒装，你们将。典：常，经常。

③尔：加重语气。克：能。羞：进献。耇（gǒu）：老。

④乃：才。

⑤丕：助词。惟：语气词。

⑥永：长久。观：顾。省：察。

⑦作稽中德：所作所止都能合于道德。稽，止。

⑧尚克：还能。馈祀：以熟食进献鬼神。

⑨介：乞。逸：安乐。

⑩允：信。正、事之臣：即上文"有正、有事"。

⑪若：同"诺"，允诺。元：善。

⑫忘：同"亡"，丧失功业禄位。

【译文】

"朝廷大臣、官员以及各氏族的贵族、领袖们！你们要常听我的教导！你们要先能孝敬扶养你们的父兄长老，自己才能大吃大喝。你们要能长期的观察自省，所作所为就都能合于道德。如果你们还能在祭祀里供上祭品，就可以祈祷安乐于神明了。只有这样你们才配奉行上天所承诺的善德，才能保有周天子所赐的禄位和功业！"

王曰："封！我西土棐徂①，邦君、御事、小子②，尚克用文王教，不腆于酒，故我至于今，克受殷之命。"

【注释】

①西土：指周人原居地岐周一带。棐徂：犹云"非自今日始"。棐，通"匪"，非。徂，通"且"，今，现在。

②小子：对下属亲昵的称呼。

【译文】

王又说："封啊！因为我们西土国君和管事的年轻人早就接受了文王的教令，不贪图喝酒，所以到现在还能够继承殷家的天命。"

王曰："封！我闻惟曰①：在昔殷先哲王，迪畏天显小民②，经德秉哲③。自成汤咸至于帝乙④，成王畏相⑤。惟御事厥棐有恭⑥，不敢自暇自逸，矧曰其敢崇饮。越在外服：侯、甸、男、卫邦伯；越在内服：百僚、庶尹、惟亚、惟服、宗工⑦，越百姓、里君⑧：罔敢湎于酒。不惟不敢，亦不暇。惟助成王德显⑨，越尹人、祗辟⑩。

【注释】

①惟：有。

②迪：用。天显：古成语。指在上的一种尊贵力量。

③经德：周人常语。常德。秉哲：保持明智。

④咸：成汤之名。帝乙：殷商倒数第二代君主。

⑤成王：成就王业。畏相：敬畏自省。

⑥棐：通"匪"，非。恭：通"供"，供职。

⑦百僚、庶尹：即上文之"有正"。僚，即"寮"，《毛公鼎》有"卿事寮"、"太史寮"，地位极高。惟亚、惟服：即上文之"有事"。宗工：宗人之官。

⑧百姓：百官族姓。里君：街道的官长。

⑨德显：明德。

⑩尹人：治民。祇辟：敬法。

【译文】

王说："封啊！我听说，从前殷家先代圣王，因为惧怕上天和小民的力量，而长久保持他们的德行和明智。从成汤咸一直到帝乙，没有不达成王业还能严肃自省的。那时管事的臣子就是休假没有职事时，也不敢趁着闲暇去寻乐，何况说放肆喝酒。那时的官吏，地方的有侯、甸、男、卫各个国君；朝廷的有大僚和首长、任事的服官、管理王族的宗工，以及无数氏族和街道官长：一概不敢酗酒。非但不敢，也没有空。他们只是帮助殷王成就王业、治理百姓和谨守法度。

"我闻亦惟曰：在今后嗣王酗身厥命①，罔显于民祇②，保越怨不易③。诞惟厥纵淫泆于非彝④，用燕丧威仪④，民罔不盡伤心⑤。惟荒腆于酒，不惟自息乃逸⑥。厥心疾很⑦，不克畏死。辜在商邑越殷国灭无罹⑧。弗惟德馨香、祀登闻于天⑨，诞惟民怨，庶群自酒，腥闻在上，故天降丧于殷，罔爱于殷，惟逸。天非虐，惟民自速辜⑩！"

【注释】

①嗣王：继帝乙之后的王，纣王。酣身厥命：强申命令，意谓好以威权凌驾人民。酣，通"刚"。

②罔：无。祗：通"哉"。

③保：安。越怨不易：与百姓的怨恨不可改变。

④燕：乐。

⑤嘉（xì）：伤痛。

⑥息：停息。

⑦疾：害。很：同"狠"。

⑧辜：作恶。罹（lí）：忧。

⑨祀：通"已"，以。登：上。

⑩速：招致。辜：罪。

【译文】

"我又听说：到了后来，他们的末代君王就喜欢用威权压迫百姓，没有什么行为可以使百姓欢喜的，他们得到的只是不可改变的怨恨。他们又纵肆种种无法无天的淫乱，在享乐中丧尽了威仪，百姓没有不为他们伤痛的。然而他们还是贪酒，无休无歇地享乐。他们的心又凶狠，不怕死。他们在商都里作恶犯罪，到殷商灭亡的时候，还无忧无虑。他们根本没有德行上闻于天，只有百姓的怨恨，和百官群臣酗酒的腥臭升到天空，所以，老天就把丧亡之祸降给他们，不再留一丝眷爱，这就是他过度淫乐的结局。老天哪里会故作暴虐，只是殷人自己招来的罪过！"

王曰："封！予不惟若兹多诰。古人有言曰：

'人无于水监^①，当于民监。'今惟殷坠厥命，我其可不大监抚于时^②！

【注释】

①监：通"鉴"，照镜子。

②抚：据。时：通"是"。

【译文】

王说："封啊！我不想这样多话。古人说得好：'要观察自己，不必对着水照，应该对着百姓的心去照。'现在殷家已经为此失掉了天命，我们哪可不拿这个作为深刻的徼戒！

"予惟曰：汝劼毖殷献臣^①，侯、甸、男、卫；矧太史友、内史友越献臣百宗工^②；矧惟尔事，服休、服采^③；矧惟若畴^④，圻父薄违^⑤，农父若保^⑥，宏父定辟^⑦，矧汝刚制于酒^⑧。

【注释】

①劼毖：当作"诰毖"，诰教之意。献臣：遗臣。

②矧：与。友：即"寮"。宗工：管理殷遗民的尊贵官员。

③服休：伺候燕息的近臣。服采：掌管朝祭服装的近臣。

④畴：通"寿"，金文中地位相当于"三公"之"公"。

⑤圻（qí）父：掌管军事行政。薄违：讨伐叛逆。薄，迫。违，邪行。

⑥农父：掌管农事。若：顺。保：安。

⑦宏父：掌管司法。辟：法。

⑧矧：语气词。刚：强。制：断。

【译文】

"我说：你应当去告导殷的遗臣，和侯、甸、男、卫诸国君；太史寮、内史寮和管理遗臣氏族的宗官；治事官员，侍候燕息的近臣和涉及朝祭之服的从臣；还有负责讨伐叛逆的圻父，安保君民的农父，执行法律的宏父三位尊官；还有你自己，要坚决戒绝饮酒啊！

"厥或诰曰'群饮'①，汝勿佚②，尽执拘以归于周③，予其杀。又惟殷之迪诸臣惟工乃湎于酒④，勿庸杀之，姑惟教之⑤。有斯明享⑥，乃不用我教⑦，辞惟我一人弗恤、弗蠲乃事⑧，时同于杀⑨。"

【注释】

①诰：告诉。

②佚：使……逃逸。

③执拘：抓获。

④迪：引导。诸臣惟工：泛指百官。

⑤姑：暂且。

⑥享：劝导。

⑦用：遵用。

⑧辞：语助词。恤：怜悯。蠲（juān）：赦免。

⑨同：立刻。

【译文】

"假如有人来报告说'有人聚众饮酒',你就该一个都不漏地捆绑了送到周都,我定他们死罪。如有殷家所登用的旧臣百官,因为一时难改旧习,沉溺于喝酒,可不必杀他们,暂且去教育他们。他们受了这些明显的教导,如果还不肯听从教导,我将不再怜悯、宽恕这种行为,一概马上杀掉。"

王曰:"封!汝典听朕毖^①,勿辩乃司民湎于酒^②!"

【注释】

①典:常。毖:诰,教导。

②辩:通"俾",使。司:治。

【译文】

王说:"封啊!你应当经常听我教导,切不要让你治下的民众官吏沉湎于酒呀!"

梓 材

　　《史记·卫康叔世家》记载:"周公旦惧康叔齿少,……为《梓材》,示君子可法则。"篇中有"若作梓材"之语,比喻治国要继续努力,史官因以"梓材"命名。《梓材》是周公教导康叔如何治理殷商故地的一篇训话,其中制定了对待殷遗民的一些宽大政策。

　　关于本篇的内容,历来有分歧。前半部称呼康叔的名字"封"来教导训话,后半"今王惟曰"等又变成臣对君王说话的口吻,似明显不一致。也有学者认为内容前后首尾连贯,并无矛盾。

王曰："封，以厥庶民暨厥臣达大家①，以厥臣达王，惟邦君②。

【注释】

①以厥庶民暨厥臣达大家：此句是"以大家达厥庶民暨厥臣"的倒装。以，由。庶民，老百姓。臣，卿大夫以下的官员。达，通。大家，指卿大夫。

②以厥臣达王，惟邦君：是"以王惟邦君达厥臣"的倒装。王，天子。邦君，诸侯王。

【译文】

王说："封啊，由卿大夫们通达至广大民众和下属官吏，由周天子和诸侯国君通达至下属官吏。

"汝若恒越曰①：'我有师师②：司徒、司马、司空、尹、旅③！'曰：'予罔厉杀人④！亦厥君先敬劳⑤，肆徂厥敬劳⑥。肆往奸宄、杀人、历人宥⑦，肆亦见厥君事戕人宥⑧。'"

【注释】

①若：顺。恒：常。越：发语词。

②师师：众高级长官。前"师"字释为"众"，后一"师"释作官长。

③尹：正。旅：众官。

④罔：无。厉：杀害无辜。

⑤亦厥君先敬劳：是"亦先厥君敬劳"的倒装。厥，

其。敬劳，慰劳。

⑥肆：极。徂：往。

⑦肆往：过去。奸宄：恶行之人。杀人、历人：杀奴隶的人。历人，即"鬲人"，奴隶。宥：宽恕。

⑧肆亦：同"肆往"。见：同"觊"，刺探。戕：残害人的肢体。

【译文】

"你该常常唤着：'我的许多长官：司徒、司马、司空、各部门的主管人员和许多士大夫啊！'还要对他们说：'我不敢杀害无辜！你要先于国君对他们表示慰劳，赶快去慰劳吧。对以前那些内外作乱的人，杀奴隶的人要给予宽恕，对过去那些刺探国君大事的人、伤残他人肢体的人，也要宽恕啊。'"

王启监①，厥乱为民②。曰："无胥戕③！无胥虐④！至于敬寡⑤，至于属妇⑥，合由以容⑦。王其效邦君越御事⑧：厥命曷以引养、引恬⑨？自古王若兹监⑩，罔攸辟⑪。"

【注释】

①启监：设立诸侯。周初在殷地设"三监"。

②厥：其。乱：通"率"，大抵。

③胥：相互。戕：残害。

④虐：暴虐。

⑤敬寡：即"鳏寡"，指孤独无依的人。

⑥属妇：低贱的妻妾。

⑦合：同。由：道。

⑧效：考。越：与。

⑨引：长。恬：安。

⑩监：治理。

⑪罔：无。攸：所。辟：邪僻，叛乱。

【译文】

周王封建诸侯，大抵为了教化民众。王说："不要互相残害！不要互相压迫！包括鳏寡无依的，以及低下的贱妾，都要宽容他们。君王要考验诸侯王和近臣：天命如何长久安定？从古以来的君王都是这样治理国家的，没有犯上作乱的事。"

惟曰："若稽田^①，既勤敷菑^②，惟其陈修^③，为厥疆畎^④。若作室家，既勤垣墉^⑤，惟其涂塈茨^⑥。若作梓材^⑦，既勤朴斫^⑧，惟其涂丹腹^⑨。"

【注释】

①若：像，如。稽田：耕种治理田地。

②敷：播种。菑（zī）：新开垦的田地。

③惟：思。陈：治。

④疆：界。畎（quǎn）：田间水道。

⑤垣墉：墙。矮的叫垣，高的叫墉。

⑥涂：涂上白垩。塈（jì）：涂屋顶。茨（cí）：用茅草盖屋。

⑦梓材：良才。

⑧朴：原材料。斫（zhuó）：加工修治。

⑨丹雘（huò）：颜料。丹，红色。雘，青色。

【译文】

又说："好像耕田，先已尽力开垦播种了，就该计划如何整治田岸和水沟。又像建筑房屋，先已辛苦打好了墙头，就该想怎样涂上白垩和盖上茅草。又像制造优良的木器，先已费劲锯削好了白胚，就该设计如何髹漆。"

今王惟曰①："先王既勤用明德怀②，为夹庶邦享作③。兄弟方来④，亦既用明德。后式典集⑤，庶邦丕享⑥。

【注释】

①今王：指成王，但由周公代替训话。

②明：通"勉"。

③夹：辅佐。享：献，即纳贡。

④兄弟方：兄弟国家。指姬姓诸侯。方，方国。

⑤后：诸侯王。式：以，以此。典：常，经常。集：朝会。

⑥丕：大。

【译文】

成王认为："先王已经勤劳地发挥德行去感召人心，使无数邦国纳贡和勤王。姬姓诸侯纷纷前来，也是因为我们的德政。诸侯王常来会同朝觐，带来各国的贡品。

"皇天既付中国民越厥疆土于先王^①，肆王惟德用和怿先后迷民^②，用怿先王受命^③。已^④！若兹监。"

【注释】

①越：与。

②肆：故，所以。和怿（yì）：使……心悦诚服。迷民：指殷之顽民。

③怿：通"致（yì）"，终，完成。

④已：叹词。

【译文】

"上天已把中国臣民和广大土地付与我们先王，所以我王也要用德行来使那些先后受了迷惑的殷顽民心悦诚服，好完成先王所受的天命。唉！就这么统治吧。"

惟曰："欲至于万年，惟王子子孙孙永保民。"

【译文】

又说："希望我们的国祚绵延万年，周王子孙永远保佑着他的臣民。"

召 诰

召（shào），指召公奭。《史记·周本纪》载："成王在丰，使召公复营洛邑，如武王之意。周公复卜申视，卒营筑，居九鼎焉。曰：'此天下之中，四方入贡道里均。'作《召诰》、《洛诰》。"此篇讲述周公平定武庚叛乱后，迁殷遗民于洛邑，并决定营建洛邑成为东都来加强统治。这个建议得到了成王的同意。周公、召公赞美成王的伟大决定，进而勉励成王敬重贤人，施行德教，爱护百姓，以发扬光大文王、武王的业绩。

王国维《殷周制度论》认为此篇乃召公的话，被史官所记录。但有学者认为此篇大部分为周公之言，最后有一小段是召公所说。今从后一说。

惟二月既望，越六日乙未^①，王朝步自周^②，则至于丰^③。

【注释】

①二月既望，越六日乙未：曾运乾《尚书正读》说："依三统历及周历，并推得是年二月小，乙亥朔、己丑望。庚寅既望，为月之十六日。越六日为廿一日，得乙未。"望，《释名》："月满之名，月大十六日，月小十五日。"

②朝：早。步：行。周：指周的都邑镐京。

③丰：文王所作都邑。

【译文】

二月十六日后的第六天，是乙未日，这一天周成王为了要营建东都洛邑，早晨从镐京出发，到丰邑去祭告文王。

惟太保先周公相宅^①。越若来三月^②，惟丙午朏^③，越三日戊申^④，太保朝至于洛，卜宅；厥既得卜^⑤，则经营^⑥。越三日庚戌^⑦，太保乃以庶殷攻位于洛汭^⑧。越五日甲寅^⑨，位成。

【注释】

①太保：官名。辅弼周王。先：在……之前。相：视。

②越若：发语词。来：至。

③惟：发语词。朏（fěi）：《说文》："朏，月未盛之明也。"谓一月的第二日或者第三日。由下文知，此

指三月初三，丙午日。

④戊申：三月初五。

⑤得卜：得到吉兆。

⑥经营：勘定方位，营建都城。

⑦庚戌：三月初七。

⑧庶：众。殷：殷民。攻：治。位：宗庙市朝之位。

　洛汭（ruì）：洛水入黄河之处。汭，河流会合的弯
　曲处。

⑨甲寅：三月十一。

【译文】

　　太保召公在周公之前先去察看、规划。到了三月，初
三月亮初出，是丙午日，隔了三天是戊申日，太保早上到
了洛邑，占卜营建的地方；他得了吉兆，就开始丈量勘查。
又隔了三天到庚戌日，太保便带领众多殷商遗民在洛水隈
曲处量定了墙垣和宫室的基址。又隔了五天，到了甲寅日，
勘查规划工作结束了。

　　若翼日乙卯①，周公朝至于洛，则达观于新邑
营②。越三日丁巳③，用牲于郊④，牛二。越翼日戊
午⑤，乃社于新邑⑥，牛一，羊一，豕一⑦。越七日
甲子⑧，周公乃朝用书⑨，命庶殷侯、甸、男邦伯。
厥既命殷庶，庶殷丕作⑩。

【注释】

①若：及。翼日：即"翌日"，第二天，即三月十

二日。

②达：通。观：观测。营：区域，工地。

③丁巳：三月十四。

④用牲于郊：在郊外祭祀天神。

⑤戊午：三月十五。

⑥社：设祭坛祭祀地祇。

⑦豕（shǐ）：猪。

⑧甲子：三月二十一。

⑨书：册命之书。

⑩丕：大。作：劳动。

【译文】

第二天乙卯日，周公早上来到洛邑，把新都工地统统审查了一遍。隔了三天，到了丁巳日，他用两头牛祭祀了上天。再过一天是戊午日，又用牛、羊、猪各一头在新都祭祀了土地神。隔了七天，甲子日的早晨，周公把详细的工程计划书写成文件，交与殷家的侯、甸、男众位诸侯。命令下达给广大殷民后，营建新都就大举动工了。

太保乃以庶邦冢君出取币①，乃复入锡周公②。

【注释】

①以：和。庶邦冢君：诸侯国君。币：玄纁束帛等赠礼。

②锡：献。

【译文】

太保于是偕同许多诸侯国君取了币物，进来赠给周公。

周公曰：“拜手稽首，旅王若公^①。诰告庶殷越自乃御事^②：呜呼！皇天上帝改厥元子^③，兹大国殷之命，惟王受命，无疆惟休^④，亦无疆惟恤^⑤。呜呼！曷其奈何弗敬！

【注释】

①旅：嘉。若：与。

②越：与。

③元子：天子。

④休：美。

⑤恤：忧。

【译文】

周公说：“我谨跪拜叩头，感激我王和召公的美意。诰告广大殷民还有周家自己的官员们：啊！老天更换了天子，这大殷的天命就由我们周家的王接受了，这固然是无穷的美好，可也是无穷的忧患。唉！我们怎能不加敬慎警惕呢！

“天既遐终大邦殷之命^①，兹殷多先哲王在天。越厥后王后民^②，兹服厥命^③，厥终，智藏，瘝在^④！夫知保抱携持厥妇子以哀吁天^⑤，徂厥亡^⑥，出执^⑦！呜呼，天亦哀于四方民，其眷命用懋^⑧！王其疾敬德！

【注释】

①遐终：长久延续。旧释为终止，似不确。

②厥：及。

③服：服事。

④瘝（guān）：病。在：通"哉"。

⑤夫：丈夫。知：语助词。保：同"褓"，小儿衣物。妇子：妻妾之属。吁：呼告。

⑥徂：通"诅"。厥：其。指商纣王。

⑦出执：通"驾贽"，不安。

⑧眷：顾。懋（mào）：勉励。

【译文】

"上天以前曾想长久延续大殷的天命，许多殷家圣王的神灵都在天上。等到了他们末代君王和民众的手里，开始还能服事其禄位和天命，可最终，所有贤人都隐藏起来了，是多么大的痛苦啊！那时丈夫们怀抱了孩子，搀扶了妻妾，哀号着呼告苍天，诅咒纣王灭亡，是多么的痛苦不安啊！唉，老天也怜惜这四方民众，所以顾视天下寻觅一位勤勉有德之人交付天命！我王应该多行德教才行啊。

"相古先民有夏①，天迪从子保②；面稽天若③，今时既坠厥命。今相有殷，天迪格保④；面稽天若，今时既坠厥命。今冲子嗣则无遗寿耇⑤，曰其稽我古人之德，矧曰其有能稽谋自天。

【注释】

①相：视。

②迪：用。子：通"慈"。

③面：通"偭"，背。天若：指天道。若，道。

④格保：嘉保。

⑤冲子：年幼的人。指成王。嗣：继承。寿耈
（gǒu）：年高德劭之人。

【译文】

"我们看：古代先民夏人建立夏国，因为顺从天命而受到老天的慈护；可到后来他们违背天道，结果失掉了天命。现在看殷国，他们本来也是受到老天保佑的；后来也违背了天道，所以到今天也失去了天命。现在我们的王年轻嗣位，先王没有留下年高德劭的辅助大臣，还不能说可以寻求古人的德政，更不必说能上窥天道了。

"呜呼！有王虽小，元子哉。其丕能诚于小民①！今休②，王不敢后，用顾畏于民喦③。

【注释】

①丕：大。诚（xián）：和。

②休：美。

③喦：即"岩"，险。

【译文】

"啊！王虽幼小，却是天子。他能和百姓相处和谐！现在一切顺利，我王不敢延缓营建洛邑之事，也由于顾忌殷民难以统治的隐患。

"王来绍上帝①，自服于土中②。且曰③：'其作大

邑，其自时配皇天④。毖祀于上下⑤，其自时中乂⑥。'
王厥有成命治民⑦，今休。

【注释】

①绍：曾运乾《尚书正读》说："读为'召卜'，卜问
　　也。"可从。

②服：治。土中：即"中土"，指洛邑。

③旦：周公自称。

④时：通"是"。配：配享，祭祀时以周的祖先配享
　　上帝。

⑤毖：告。

⑥中乂：治理于中土洛邑。

⑦厥：其。成命：定命，上天之命。

【译文】

"王前往卜问了上帝旨意，到这中土洛邑来统治。我小
臣旦曾经说过：'要建造一个大都，从此以周的先祖配享皇
天上帝。谨慎地祭祀上下的神祇，在这中土安治天下。'我
王得着上天大命来治理人民，现在一切都顺利了。

"王先服殷御事①，比介于我有周御事②，节性
惟日其迈③。王敬作所④，不可不敬德！

【注释】

①服：用。御事：泛指治事大臣。

②比：接近。介：当作"尔"，同"迩"，近。

③节：节制，改造。迈：进。

④所：于省吾《尚书新证》说："'所'乃'匹'之讹，……'匹天'即'配天'。"

【译文】

"王重视任用殷家旧臣，使他们亲近周家的治事大臣，互相得到劝勉，天天都在进步之中。我王德配上帝，不可以不谨慎于德行啊！

"我不可不监于有夏①，亦不可不监于有殷。我不敢知曰有夏服天命惟有历年②，我不敢知曰不其延③，惟不敬厥德乃早坠厥命。我不敢知曰有殷受天命惟有历年，我不敢知曰不其延，惟不敬厥德乃早坠厥命。今王嗣受厥命④，我亦惟兹二国命⑤，嗣若功。

【注释】

①监：通"鉴"。

②知：语助词。服：受。历：久。

③延：长久。

④嗣：继。

⑤惟：思考。

【译文】

"我们不可不以夏代为鉴，也不可不以殷朝为鉴。我不敢说夏王受天命的年数有多长，我也不敢说不长久，只知道他们不谨慎德行才早早失掉了天命。我不敢说殷王受天命的年数有多长，我也不敢说不长久，只知道他们不谨慎德行才早早失掉了天命。现在我王继承了天命，我们也该思考夏、商两国受命、失命的原因，从而继承他们先王的功业。

"王乃初服①！呜呼，若生子②，罔不在厥初生，自贻哲命③！今天其命哲④，命吉凶，命历年。知今我初服，宅新邑，肆惟王其疾敬德⑤！王其德之，用祈天永命！

【注释】

①服：指受天禄命。

②生子：养育孩子。

③贻：传。哲：明。

④命：赐予。

⑤肆：所以。疾：快。

【译文】

"我王可是初受天命啊！唉，像生养孩子一样，没有不从他幼年开始，就传授他明智的德行。现在上天赐予大命，赐予吉祥，赐予了长久的国祚。天帝知道我王初受天命，规划新都，我王得赶快谨慎德行才是啊！希望我王能施行德治，好请上天赐予永久的大命！

"其惟王勿以小民淫用非彝①，亦敢殄戮②，用乂民若有功③。其惟王位在德元，小民乃惟刑用于天下④，越王显⑤。上下勤恤⑥，其曰我受天命⑦，丕若有夏历年⑧，式勿替有殷历年⑨！欲王以小民受天永命！”

【注释】

①淫：放纵，过度。彝：法。

②殄：绝灭。戮：杀。

③乂：治。功：功效。

④惟：语助词。刑：法。

⑤越：宣扬。显：彰显。

⑥上下：指君臣。

⑦其：差不多，大概。

⑧丕：乃。

⑨式：用。替：废。

【译文】

“王不要因为民众有放纵违法的行为，就杀戮灭绝他们，治理百姓必须要有实效。王的道德地位垂范天下，小民们常服法于天下，才能发扬彰显王的光辉。所以，君臣上下应该相互勤勉体恤，才能说我们受了天命，才能期望像夏代享年的长久，不要像殷国年数虽长而突然废弃了！希望我王能依赖广大民众的力量去承受永久的天命！”

拜手稽首曰：“予小臣敢以王之雠民、百君子越友民保受王威命明德①！王末有成命②，王亦显。我非敢勤③，惟恭奉币④，用供王能祈天永命！”

【注释】

①予小臣：指召公。雠民：指殷顽民，商亡后，仍与周为敌。百君子：泛指殷商旧臣。越：与。友民：亲附于周的殷民。

②末：终。成命：上天的定命。

③勤：劳。

④币：赠礼。

【译文】

召公跪拜叩头说："我小臣率曾经敌对我王的殷民、殷商旧臣，以及拥护我们的殷民，来共同承受周王的威严和德行！我王终得上天定命，营建洛邑，可谓显赫。我不敢说什么辛苦，惟有敬献微薄的币礼，以供我周王祈求上天赐给我们永远的天命！"

洛 诰

　　周公营建洛邑完工后，请求周成王到洛邑举行祀典、主持国政，成王针对当时民心不稳的情况，决定留下周公继续居洛，以治理东土。在周公摄政七年冬祭典中，成王宣布了决定。史官作册逸将周公、成王讨论告答之辞记录成文，即成为本篇《洛诰》。1963年陕西宝鸡出土了西周青铜器"何尊"，其铭文记录了周成王五年（周公摄政七年）成王亲临成周洛邑视察之事，可与本篇互证，也说明兴建洛邑确为周初重大的历史事件。

周公拜手稽首曰:"朕复子明辟①:王如弗敢及,天基命定命②,予乃胤保大相东土③,其基作民明辟④。

【注释】

①复:复命。子:成王。辟:君主。

②基:始。

③胤:继。保:太保。指召公。

④其:副词,表希望。基:始。

【译文】

周公跪拜叩头,遣使转告成王说:"我复命给您这位贤明的君主,您如果还自谦推辞上天早就确定给予您的大命,我继召公后勘查了东都洛邑,我王就要开始作为万民的贤明君主了。

"予惟乙卯朝至于洛师①。我卜河朔黎水②。我乃卜涧水东③,瀍水西④,惟洛食⑤。我又卜瀍水东,亦惟洛食。伻来以图及献卜⑥。"

【注释】

①乙卯:据《召诰》,指成王五年三月十二。洛师:指洛邑京师。

②河:黄河。朔:北岸。黎水:距离洛水不远的黄河北岸。

③涧水:在洛水西北,发源于今河南渑池东北白石山,东流经新安、洛阳而入洛水。

④瀍水：在洛水北，发源于今河南孟津西北谷城山，
　向东入洛水。

⑤惟洛食：洛水边吉兆。西周营造洛邑分两处，涧水东
　瀍水西的是王城，也叫郏鄏、东周，在今洛阳王城
　公园一带。瀍水东的叫成周，在今洛阳白马寺一带。

⑥伻（bēng）：使，令。图：地图。

【译文】

"我是乙卯那天早晨到达洛邑的。我先占卜了大河以北
的黎水地方，又占卜了涧水之东瀍水之西中间的那片土地，
只有这洛水之地得到吉兆。又占卜了瀍水以东的地方，也
还是这洛水之地得到吉兆。特遣使来把新邑地图及占卜的
吉兆献上。"

王拜手稽首曰："公不敢不敬天之休，来相宅①，
其作周匹②。休公既定宅③，伻来，来视予卜休恒吉④，
我二人共贞⑤。公其以予万亿年敬天之休！拜手稽
首诲言。"

【注释】

①宅：宗庙宅基的地址。

②匹：配，辅。

③休：旧说皆属上句，今依裘锡圭《〈洛诰〉"其作周
　匹休……"新解》之说，"休"下属为句，作为动词，
　褒美周公定宅、献图等行为。

④恒：常。

│⑤共贞：共当此吉。贞，吉。

【译文】

成王跪拜叩头说："您敬奉上天美命，来到洛地勘查新邑的基址，您是我周邦辅佐元勋，我特褒美您勘定都邑、献图献卜的行为。您既勘定洛邑，遣使到来，让我看到卜兆的美好吉祥，那么是您和我二人共同承当此美好。但愿您与我永久敬奉天的美命！谨跪拜叩头，感谢您的教诲。"

周公曰："王肇称殷礼①，祀于新邑，咸秩无文②。予齐百工③，伻从王于周④。予惟曰：'庶有事⑤。'今王即命曰：'记功宗⑥，以功作元祀⑦。'惟命曰：'汝受命笃弼⑧，丕视功载⑨，乃汝其悉自教工⑩。'

【注释】

①肇：始。称：举。殷礼：祭天改元的大礼。

②咸：皆。秩：有序。文：通"紊"，乱。

③齐：齐同。百工：百官。

④伻：使，令。

⑤庶：百官众庶。

⑥记功宗：于省吾《尚书新证》说"记"乃"祀"之讹，"功宗"又作"公宗"、"宗公"，宗神。今从之。

⑦以功作元祀：王国维《洛诰解》说："'记功宗'以下，周公述成王之言也。'功'，谓成洛邑之功。殷人谓年为祀，'元祀'者，因祀天而改元，因谓是年曰'元祀'矣。时洛邑既成，天下大定，周公欲王

行祀天建元之礼于宗周。王则归功于洛邑之成，故即命曰'记功宗，以功作元祀'，意欲于洛邑行之也。"元祀，大祀。

⑧笃：通"督"。弼：辅佐。

⑨丕视功载：于省吾《尚书新证》说即"斯视事哉"，可从。

⑩教工：王国维《洛诰解》说："《大传》作'学功'。学，效也。欲令周公效雒邑之功，以示天下也。"

【译文】

周公回到宗周镐京说："我王开始举行祀天改元的殷祭大典，祭祀在新邑举行应按礼法对天地神祇一一奉祀，不要紊乱。我召集百官，让他们跟随大王去洛邑。我对他们说：'你们百官将有祭祀大事。'现在我王可以请命于神说：'祭祀于宗神，以有功者告庙，举行开国大典式的元祀。'还可以命令我说：'你受先王遗命督促辅助我，你就履行你的职事吧，可自宣你的功劳，以示天下。'

"孺子其朋①，孺子其朋，其往！无若火始炎炎②，厥攸灼③，叙弗其绝厥若④。彝及抚事如⑤。予惟以在周工往新邑⑥，伻向即有僚⑦，明作有功⑧，惇大成裕⑨，汝永有辞⑩。"

【注释】

①孺子：幼子。指成王。朋：群。

②炎炎：又作"庸庸"，微笑的样子。

③厥：其。攸：所。灼：烧。

④叙弗其绝：不能失去秩序。

⑤彝：常。抚：顺，循。如：通"汝"。

⑥工：百官。

⑦伻：使。向：各有方向，归属。有僚：即"僚"、"寮"。

⑧明：通"勉"。

⑨惇：厚。裕：宽裕之治。

⑩辞：声誉。

【译文】

"年轻的王啊，年轻的王啊，你还是和群臣一起去吧！你还是和群臣一起去吧！还是去吧！不要像点火那样，开始微小的火星，后来逐渐烧大，君臣一起前去，不要前后递行。使群臣们常顾盼顺从于你。我率宗周百官前往新邑，使各卿士、太史诸大寮，勉赴事功，成就宽厚的大政，那么您也会在后代流传着美好的声誉了。"

公曰："已①！汝惟冲子②，惟终③。汝其敬识百辟享④，亦识其有不享。享多仪⑤，仪不及物⑥，惟曰不享，惟不役志于享⑦。凡民惟曰不享，惟事其爽侮⑧。

【注释】

①已：语气词。

②冲子：童子，幼子。王者自谦之词。

③终：俞樾《群经平议》说通"崇"，尊崇。

④识：记。百辟：诸侯。享：献，朝贡之礼。

⑤仪：礼意。

⑥物：币物。

⑦役：营。

⑧爽：差。侮：轻慢。

【译文】

周公说："啊！您虽年少，但您地位无比崇高。您要谨慎地辨识诸侯诚心享献者，也要辨识不诚心享献者。享献之礼仪节繁多，其心中礼意比不上所献币物，那只能说是没有享献，因为他不专心于供奉。如果民众都仿效他不恭敬奉上，很多事情都会轻慢简率无所不至了。

"乃惟孺子颁①，朕不暇听②。朕教汝于棐民彝③，汝乃是不覆④，乃时惟不永哉⑤。笃叙乃正、父⑥，罔不若予⑦，不敢废乃命。汝往敬哉！兹予其明农哉⑧！彼裕我民⑨，无远用戾⑩。"

【注释】

①颁：颁赐。

②朕不暇听：孙诒让《尚书骈枝》说："不敢受命之意。"

③彝：法。

④乃是：若是，如果。覆（máng）：勉。

⑤乃：你的。时：统治时间。永：长。

⑥笃：厚。叙：顺。正、父：二者都是官长。

⑦罔不若予：无不像我。

⑧明农：王夫之《书经稗疏》说："经理疆洫之事。"

⑨裕：使丰裕。

⑩戾：乖戾。

【译文】

"我王您颁赐我大功，我不敢受命。我教告你民众非法之事，你如果不勉力，那就不能长治久安。要厚待众官之长，就像我一样对待百官之长，那么他们也会像我一样不敢废弃你的教令。你去吧，要恭敬谨慎啊！现在我准备去搞好农田疆界！用来丰富加厚百姓的生计，那就可以长远安稳了。"

王若曰①："公，明保予冲子②。公称丕显德③，以予小子扬文武烈④，奉答天命，和恒四方民居师⑤。惇宗将礼⑥，称秩元祀⑦，咸秩无文。惟公德明光于上下，勤施于四方，旁作穆穆⑧，御衡不迷⑨，文武勤教，予冲子夙夜毖祀⑩！"

【注释】

①王若曰：这是史臣记录成王的讲话。

②明：通"勉"。保：辅。

③称：举，扬。丕：大。

④以：与。文武烈：文王、武王的事业。

⑤和恒：和悦。师：京师洛邑。

⑥惇：厚。宗：崇。将：大。

⑦秩：叙次，次第。

⑧旁：浦，普。穆穆：美盛的样子。

⑨御衡不迷：章太炎《古文尚书拾遗》说："言遭横芦（逆）而心不乱。"御，迎。

⑩愍：慎。

【译文】

王这样说："公啊！你要勉力辅佐我啊。发扬您的大德，和我一起弘扬文王武王的光辉事业，上以承奉天命，下以和悦四方之民来定居洛邑。我们要厚崇大典，举行元祀，按祀典顺序致祀不要紊乱。您的美德充满天地，勤施于四方，普及盛美的时代，遇到挫折也不慌乱，又常教导我文治武功之方，我要早晚敬慎于祭祀的大事啊！"

王曰："公功棐迪笃①，罔不若时②。"王曰："公，予小子其退，即辟于周，命公后③。四方迪乱④，未定于宗礼⑤，亦未克敉公功⑥。迪将其后⑦，监我士、师、工⑧，诞保文武受民⑨，乱为四辅⑩。"

【注释】

①棐：辅。迪：教导。笃：厚。

②若时：若是，如此。指上面所称述的。

③"王曰"至"命公后"：此十五字刘起釪说是错简在此，当在下文"王入太室裸"之下。蔡沈《书集传》说："此下成王留周公治洛也。成王言我退，即居于周（宗周镐京），命公留后治洛（成周）。……谓之

后者，先成王之辞，犹后世留守留后之义。"其说是。

今经文保留在此，译文移到"王入太室祼"之下。

④迪：还。乱：需要治理。

⑤宗礼：指元祀。

⑥克：能。敉：通"弥"，终。

⑦后：继续。

⑧监：监督领导。士、师、工：指百官。

⑨诞：乃。

⑩乱：治理。四辅：四方之辅。

【译文】

成王说："您对我的辅助教导十分深厚，无不如上面所称述的。现在四方还没完全治理好，尚未安定于功宗元祀之礼，您的功业没有完全结束。所以您要继续留后在洛，监督百官大臣，安定文王武王的民众，治理成我们宗周四方之辅。"

王曰："公定①，予往已公功肃将祗欢②，公无困哉我③！惟无敩其康事④，公勿替刑⑤，四方其世享。"

【注释】

①定：止，留下来。

②已：通"祀"。祗：敬。欢：通"灌"，灌礼。

③哉我：当作"我哉"。

④敩（yì）：厌倦，懈怠。康事：章太炎《古文尚书拾遗》说当作"庚事"，即"更事"，更习吏事。

⑤替：废。刑：通"型"。

【译文】

成王说："您留下来，我去把您的功劳祭告宗庙，谨慎恭敬地完成灌献之礼，您一定要留下来，不要离开让我忧困呀！我将不懈地学习为政之方，您也不要废弃您的仪型，让我长久效法。四方之民就能世世受享您的德行了。"

周公拜手稽首曰："王命予来，承保乃文祖受命民①，越乃光烈考武王弘朕②。恭孺子来相宅③，其大惇典殷献民④，乱为四方新辟⑤，作周恭先⑥。曰其自时中乂⑦，万邦咸休，惟王有成绩。予旦以多子越御事笃前人成烈⑧，答其师⑨，作周孚先⑩。考朕昭子刑⑪，乃单文祖德⑫。

【注释】

①文祖：文王。

②越：与。光：光辉。烈：威严。考：父亲。弘朕：当作"弘训"。

③恭：奉。孺子：指成王。

④惇：厚。典：录用。

⑤乱为四方新辟：章太炎《古文尚书拾遗》说："言撮取大要为四方新法也。"

⑥恭：敬。先：先导，表率。

⑦时：通"是"。中：土中。指洛邑。

⑧多子：指承担王朝大部分官职的姬姓贵族。笃：厚。

⑨荅：符合。师：众。

⑩孚：同"郭"，包括王城和成周都在其中的广大区域。

⑪考朕：于省吾《尚书新证》谓即"朕考"，指文王。

昭：示。刑：通"型"，模范。

⑫单：大，光大。

【译文】

周公跪拜叩头说："我王命令我来洛邑，安定你祖父文王的民众，与你光辉的父亲武王的弘训。我伺奉你察看定居之地，从厚录用殷朝的贤人，以治殷之法撮举大要为四方的新法，作为将普遍实行的周法的先导。从此以四方之中的洛邑为治，万国都将因此美盛，我王自会成就大功。我旦以众卿大夫与御事官员笃行文王武王的遗训，以应和天下众心，筑成王城，以为南系于洛水、北因于郏山的周郭之先导。我的父亲文王昭示你以仪型，你必须要光大你祖父文王的大德。

"伻来毖殷①，乃命宁予②，以秬鬯二卣③，曰：'明禋④，拜手稽首休享⑤。'予不敢宿⑥，则禋于文王武王：'惠笃叙⑦，无有遘自疾⑧，万年猒于乃德⑨，殷乃引考⑩。'王伻殷，乃承叙⑪，万年其永观朕子怀德⑫。"

【注释】

①伻：使。毖：慎。殷：殷祭之礼。

②宁：安。

③秬（jù）：黑黍。鬯（chàng）：祭祀时用的香酒。
卣（yǒu）：盛酒的樽。

④禋（yīn）：古代祭天之礼。

⑤休：美。享：祭献。

⑥宿：经一宿。

⑦惠：顺。笃：厚。叙：次第。

⑧遘：遇。疾：病。

⑨猒（yàn）：同"厌"，饱。

⑩殷：殷的天命。引：长。考：成。

⑪承叙：承顺。

⑫朕子：指成王。

【译文】

"你派使者来，敬慎地对待殷祭之礼，命他以两樽黑黍鬯酒来看望我，指示说：'精意洁诚的禋祀，请跪拜好好祭献。'我不敢经宿拖延，马上禋祀于文王武王，并献祝辞说：'祝成王继承文武之道，身不遘疾病，子子孙孙永享其德，殷的天下永成周的天下。'希望我王能使殷人承奉有序，永远瞻仰感怀你的大德。"

戊辰^①，王在新邑，烝祭岁^②。文王骍牛一^③，武王骍牛一。王命作册逸祝册^④，惟告周公其后^⑤。王宾^⑥，杀禋^⑦，咸格^⑧，王入太室裸^⑨。

【注释】

①戊辰：成王七年十二月晦日。

②烝：冬祭。岁：岁祭。

③骍（xīng）：红色。

④作册：官名。逸：人名。祝册：宣读册文以告神。

⑤告周公其后：告诉文王、武王以周公留守洛邑之事。

⑥王宾：文王、武王之傧。

⑦杀：杀牲。禋：禋祀。

⑧格：歆享。

⑨太室：太庙中央之室。祼（guàn）：以酒灌地降神之礼。"王入太室祼"以下当有"王曰公予小子其退即辟于周命公后"，上文错简，今正文保留在彼，译文见下。

【译文】

十二月戊辰，成王在新都洛邑，举行了冬祭和岁祭之礼。祭文王用一头红色的牛，祭武王也用了一头红色的牛。成王命作册之官逸在祭祀时宣读祝册之文，向文王武王禀报了周公留守洛邑的事情。杀牲禋祀文王武王，文王武王都来享受。成王进入清庙中央之室，完成祼祭之礼。成王对周公说："我要退居到镐京，就君位于宗周，特命您留守洛邑。"

王命周公后，作册逸诰①，在十有二月。惟周公诞保文武受命②，惟七年③。

【注释】

①诰：诰命天下。

②诞：乃。

③惟七年：周公摄政七年。

【译文】

　　成王命周公留下后，由作册逸作诰，这件事发生在十二月。周公留在了洛邑，承受文王武王所赐予的大命，这一年是周公执政七年。

多　士

　　多士，就是众士，指殷商旧臣。本篇是周公代成王向殷商旧臣发布的诰辞，记录了周公借天命强迫殷商遗民迁居洛邑的原因，和周王室对他们的政策，希望他们在洛邑安居乐业。

　　刘起釪先生认为："周公称王执政的头三年（亦即周成王同时在位的三年），平定武庚、管、蔡等叛乱，即《大传》云'二年克殷三年践奄'之事。三年，归宗周，诰'四国多方殷侯尹民'于宗周，作《多方》。四年，封康叔于卫，作《康诰》、《酒诰》、《梓材》。接着以三监败后迁至洛邑的庶殷遗民筑成周都邑，形成一组诰辞，即五年所作的《召诰》、《多士》，至七年作雒工程的宗庙部分完成，周公请成王来洛邑举行元祀所作的《洛诰》及《逸周书》的《作雒》，还有《康诰》之首的逸篇。这是《大诰》之后的《周书》主要几篇的先后写成情况。"（《尚书校释译论·多士》）有助于理解本篇撰作的背景，可以备参。

惟三月^①，周公初于新邑洛用告商王士^②。

【注释】

①三月：周公摄政七年三月。

②王士：殷商的贵族阶级。杨筠如《尚书覈诂》说："《逸周书·世俘解》：'癸丑，荐殷俘王士百人。'则王士盖犹言《春秋》王人也。下文'尔殷遗多士'亦即此王士也。"

【译文】

三月里，周公第一次在新都洛邑代成王告谕商王旧臣。

王若曰："尔殷遗多士！弗吊旻天大降丧于殷^①；我有周佑命^②，将天明威致王罚敕^③，殷命终于帝。肆尔多士^④，非我小国敢弋殷命^⑤，惟天不畀^⑥，允罔^⑦，固乱弼我^⑧；我其敢求位^⑨！惟帝不畀，惟我下民秉为^⑩，惟天明畏^⑪。

【注释】

①弗：不。吊：善。旻（mín）天：指上天。降丧：降下灾祸。

②佑命：帮助老天行天命。

③将：奉。致：送。敕：告诫。

④肆：现在。

⑤弋：取。

⑥畀（bì）：给予。

⑦允罔：确定灭亡。

⑧固：继续。乱：治。

⑨其：岂。

⑩秉：秉承。为：行事。

⑪明畏：圣明威严。畏，通"威"。

【译文】

王这样说："你们这些殷商旧臣们！由于纣王不敬天命，上天给你们降下了大祸；我们周国信奉天命，在刑罚和儆戒中贯彻了上帝显赫的威严，殷的天命就此结束于天帝。所以告诉你们，不是我们小小周邦敢于夺取你们殷家的天命，只是因为上天不愿意再给你们，决定要你们丧亡，所以他不停地佑助我们；我们哪敢奢求这个王位呢！上帝盛明而威严，他不愿意再给你们大命，我们下民们只能奉行他的旨意，信守他的威严。

"我闻曰：上帝引逸①，有夏不适逸则②，惟帝降格向于时③。夏弗克庸帝④，大淫泆有辞⑤。惟时天罔念闻⑥，厥惟废元命⑦，降致罚。乃命尔先祖成汤革夏⑧，俊民甸四方⑨。自成汤至于帝乙⑩，罔不明德恤祀⑪，亦惟天丕建⑫，保乂有殷⑬；殷王亦罔敢失帝，罔不配天，其泽⑭。在今后嗣王诞罔显于天⑮，矧曰其有听念于先王勤家⑯；诞淫厥泆，罔顾于天显民祗⑰。惟时上帝不保，降若兹大丧。惟天不畀，不明厥德。凡四方小大邦丧，罔非有辞于罚。"

【注释】

①引逸：古代成语。牵引之使收敛，不至于犯下大过。引，限制。逸，放纵。

②有夏：即夏。适：节制。

③降格：指降下灾祸。格，来。时：通"是"。

④克：能。庸：用。

⑤泆：通"逸"。有辞：有罪状可以指说。

⑥惟时：于是。天罔念闻：老天抛弃，不闻不问。

⑦元命：天命，大命。

⑧成汤：商代的第一个王。革夏：改变夏朝的天命。

⑨俊民：贤人。甸：治理。

⑩帝乙：商纣王之父，倒数第二代商王。

⑪罔：无。明：通"勉"。恤：慎。

⑫丕：大。建：建立。

⑬保：安。乂：治。

⑭泽：通"绎"，嗣绪。

⑮后嗣王：即商纣王。诞：大。显：敬畏。

⑯矧：何况。

⑰天显：天命。祗：通"哉"。

【译文】

"我听说：天帝是不让人过度放纵，夏桀却不节制自己的享乐行为，于是天帝在他身上降下了灾祸。但夏桀还不听从接受帝命，反而变本加厉，处处表现了他的罪状。到了这时候，上天就不再顾惜，废掉了夏的大命，降下灭亡的责罚。这样他就命令你们的先祖成汤代替夏的统治，成汤又把夏的贤人安置到四方治理民事。从成汤到帝乙，没有一个不是勤修德行和谨慎于祭祀的，天也就帮助成立了商的天下；商王也不敢违背天命，没有不能配合上帝的，所以他们才能一代代传下王业。可是到了末代君王纣，大不敬天道，更说不上尊念先王勤政的故事；他大肆淫乱，根本不管天命和民众疾苦。上帝就不再保佑殷国，降下了灭亡的大祸。由此可知，老天不会赐天命给不修德教的人。四方大大小小国家的灭亡，没有一个不是因为相应的罪状招致惩罚的。"

王若曰："尔殷多士！今惟我周王丕灵承帝事①，有命曰'割殷'②。告敕于帝。惟我事不贰适③，惟尔王家我适。予其曰：惟尔洪无度④，我不尔动⑤，自乃邑。予亦念天即于殷大戾⑥，肆不正⑦。"

【注释】

①丕：大。灵：善。承：承顺。

②割殷：指灭殷。割，通"害"。

③惟：只有。适：通"敌"。

④尔：你们。洪：大。度：法度。

⑤不尔动：不动尔，宾语前置。

⑥戾：罪。

⑦肆：因此，所以。正：治罪。

【译文】

王这样说："你们这些殷商旧臣啊！现在只有我们周

王能好好地顺承天帝事，所以上帝命令说'你们去惩罚殷家'。我们执行了，并将结果祭告了上帝。我们灭殷只是与王家为敌，并不是敌视你们民众。我要说：是你们武庚太没有法度，我们也并没有采取行动，是你们国都内先发动了叛变。我看到上天已经降下大祸给殷家，所以也就不再诛伐你们这些人了。"

王曰："猷告尔多士^①！予惟时其迁居西尔^②，非我一人奉德不康宁^③，时惟天命^④，无违！朕不敢有后，无我怨！

【注释】

①猷告：王引之《经义述闻》说原作"告猷"，伪《古文》所改。猷，于。

②迁居西尔：即"迁尔居西"之倒装。洛邑在殷地之西，所以说迁到西面。

③奉德：根据道德原则。康宁：安静。

④时：通"是"。

【译文】

王说："我告诫你们这些殷商旧臣！我把你们迁移到西面，不是我一人遵奉道德不让你们安定，这是上天的命令，违背不得的！我也不敢怠慢，你们可不要埋怨我。

"惟尔知：惟殷先人有册有典^①，殷革夏命。今尔又曰：'夏迪简在王庭^②，有服在百僚^③。'予一人惟听用德④，肆予敢求尔于天邑商⑤。予惟率肆矜尔⑥。非予罪，时惟天命！"

【注释】

①有册有典：有典籍之谓。

②迪：进。简：选拔。

③服：服务。百僚：泛指百官。

④予一人：周公代周王自称。

⑤肆：因此，所以。天邑商：即"大邑商"，甲骨文互见，指商代都城。

⑥率肆矜尔：王引之《经义述闻》引王念孙说："谓放赦之也。'予惟率肆矜尔'者，言我惟用肆尔之罪，矜尔之愚而已。"率，用。肆，宽赦。矜，怜。

【译文】

"你们知道：殷家先王传下来的历史典册，记载着殷革夏命的故事。就说：'殷商选拔了很多夏人进入朝廷，让他们担任各种要职。'我用人是以德行作为标准的，你们中间有贤人，所以我一定会在商都里找出来的。但现在我只有赦免、哀怜你们而已。这不是我的罪过，这是上天的命令！"

王曰："多士！昔朕来自奄①，予大降尔四国民命②。我乃明致天罚，移尔遐逖③，比事臣我宗④，多逊⑤。"

【注释】

①朕：周公自称。奄：古国名。在今山东曲阜东。奄是东方强大方国，曾参加周初反叛，是东方国家叛乱的中心之一。《尚书大传》曰："周公摄政三年，践奄。"告多士在摄政七年，故曰："昔朕来自奄。"奄地后来是周公受封之地，鲁国就是在奄地建立起来的。

②降：下。四国：指参加叛乱的管、蔡、商、奄四国殷民。

③退：远。逖（tì）：远。

④比：亲附。事：服事。臣：臣服。我宗：指周王朝。

⑤逊：顺。

【译文】

王说："殷商旧臣们！从前我征伐了奄国回来，对参加叛乱的管、蔡、商、奄四国殷民厚赐恩德。为了明确表达出天的责罚，把你们从遥远的地方迁来，好亲近我们的政教，服事、承顺我们周王朝。"

王曰："告尔殷多士！今予惟不尔杀，予惟时命有申①。今朕作大邑于兹洛，予惟四方；罔攸宾②，亦惟尔多士攸服③，奔走臣我，多逊④。

【注释】

①时：通"是"。有：同"又"。

②攸：所。宾：通"摈"，摈弃。

③服：服务。

④逊：顺。

【译文】

　　王又说："告给你们殷商的旧臣们！现在我不杀你们，我把以前的命令重申一下。我们在洛水旁造起这座大城邑，为的是包容四方民众；不但不会拒绝你们，而且希望你们能替我们效力，奔走臣服我们，承顺我们周王朝。

　　"尔乃尚有尔土①，尔乃尚事宁干止②。尔克敬，天惟畀矜尔③；尔不克敬，尔不啻不有尔土④，予亦致天之罚于尔躬⑤！今尔惟时宅尔邑⑥，继尔居⑦，尔厥有干有年于兹洛。尔小子乃兴，从尔迁。"

【注释】

①尚：通"常"。

②宁：安。干：捍卫，守护。止：休息。

③畀（bì）：给予。矜：怜爱。

④不啻（chì）：不但。

⑤躬：身。

⑥时：通"是"。宅：居。

⑦居：居处。指正常生活。

【译文】

　　"你们还是可以永远占有你们的土地，永远安宁地守护着它。只要你们能恭恭敬敬的，老天就会哀怜你们；如果你们不能恭恭敬敬的，你们不但不能享有土地，我还要把上天的责罚加到你们身上！现在你们在自己的都邑里，开始了稳定的生活，可以好好地在洛邑守护漫长的岁月。从你们迁居开始，你们的子孙后代也会兴旺发展起来的。"

王曰又曰①："时予②，乃或言尔攸居③。"

【注释】

①王曰又曰：曾运乾《尚书正读》说："《尚书》各篇惟周公各诰常称又曰，通校各篇，除本篇'今尔又曰'为引或言外，余皆一语复言。本文'又曰'，重言'时予'也。"

②时：承，顺。

③或：通"克"，能。攸：通"悠"。

【译文】

王说："顺从我吧。"又说："顺从我，才能在这里永久安居。"

无 逸

　　《史记·鲁周公世家》载周公作《无逸》"以诫成王"。篇中周公反复告诫成王，不能贪图安逸，要以殷为戒，不能贪图逸乐、酗酒丧德；应知稼穑艰难，要效法周文王勤劳为政。《无逸》篇居安思危的思想对后世统治者有着深远影响。

　　周公曰："呜呼！君子所其无逸①！先知稼穑之艰难乃逸②，则知小人之依③。相小人④，厥父母勤劳稼穑⑤，厥子乃不知稼穑之艰难，乃逸，乃谚⑥，既诞⑦，否则侮厥父母曰⑧：'昔之人无闻知⑨！'"

【注释】

①君子：指"嗣王"，君主。所其：于省吾《尚书新证》说"所"原当作"启"，金文形似而讹，"启其"乃周人语例，开始。逸：安逸。

②稼穑：农事。乃逸：王念孙《读书杂志》说："乃逸二字，乃因下文而衍。"可从。

③小人：下层民众。依：王引之《经义述闻》说："依，隐也。……云'隐者'，犹今人言苦衷也。"可从。

④相：观察。

⑤厥：其。

⑥谚：同"喭"，刚猛，不恭敬。

⑦诞：同"延"，长久。

⑧否则：于是。

⑨昔之人：指老一辈。

【译文】

　　周公说："啊！做君主的开始就不能贪图安逸呀！如果他事先知道耕种和收获的艰难，再去享受安逸的生活，那才会明白百姓们的疾苦。我们观察到那些小民们，父母在农事上挥汗苦干，可是他们的儿子却不理解农事的艰辛，惯于享乐，任性，时间长了，于是轻侮他的父母说：'他们老人懂什么！'"

　　周公曰："呜呼！我闻曰，昔在殷王中宗①，严恭寅畏②，天命自度③，治民祇惧④，不敢荒宁⑤。肆中宗之享国七十有五年⑥。其在高宗⑦，时旧劳于外⑧，爰暨小人⑨；作其即位⑩，乃或亮阴⑪，三年不言⑫，其惟不言，言乃雍⑬；不敢荒宁，嘉靖殷邦⑭，至于小大⑮，无时或怨⑯。肆高宗之享国五十有九年。其在祖甲⑰，不义惟王⑱，旧为小人⑲。作其即位，爰知小人之依，能保惠于庶民⑳，不敢侮鳏寡。肆太宗之享国三十有三年。自时厥后立王，生则逸，生则逸㉑，不知稼穑之艰难，不闻小人之劳，惟耽乐之从㉒。自时厥后亦罔或克寿㉓，或十年，或七八年，或五六年，或四三年。"㉔

【注释】

①中宗：商代第七任贤君祖乙。

②严恭：严肃庄重。寅：敬。

③度（duó）：衡量。

④祇惧：恭敬谨慎。

⑤荒宁：荒废政务，贪图安逸。

⑥肆：所以。有：同"又"。

⑦高宗：商代第二十三任君主。

⑧时：即位之前。旧：久。

⑨爰：于是。暨：周秉钧《尚书易解》认为通"愍"，

惠爱之意。可从。

⑩作：及。

⑪亮阴：又作"谅阴"、"谅暗"，旧说多释作沉默不言。郭沫若《青铜时代》说乃是一种医学上的"不言症"，刘起釪从之，似不可信。

⑫三年不言：李民《〈尚书〉与古史研究》（增订本）认为武丁即位之初，年轻而缺少政治经验，又无干练的辅弼大臣，因而"三年不言"，政事交由冢宰主持，自己去"观国风"，了解民情。较旧说通达，今从之。

⑬雍：和谐。

⑭嘉靖：安定。

⑮小大：百姓，群臣。

⑯时：通"是"。

⑰祖甲：刘起釪《尚书校释译论·无逸》认为此当指汤孙太甲，庙号太宗。商第五任君主。今从之。

⑱义：拟，打算。

⑲旧：久。

⑳保：安。惠：爱。

㉑生则逸，生则逸：曾运乾《尚书正读》说："两言之者，周公喜重言也。"

㉒耽乐：沉湎享乐。

㉓罔或：没有。克：能。寿：长久。

㉔以上一节，旧说即以为与历史事实有不合，疑有简编错乱。刘起釪《尚书校释译论·无逸》据段玉裁

《古文尚书撰异》之说，将"其在祖甲"至"三十有三年"四十四字移到开头"昔在殷王"后，"其在"二字置于末尾以借"高宗"，并改"祖甲"为"太宗"。谓，"太宗"是汤孙太甲，原"祖甲"只能以武丁之子帝甲当之，末段"自殷王中宗及高宗及祖甲"，也要相应改成"自殷王太宗及中宗及高宗"，其说甚辨。但终嫌改动太大，不如先保存经文原貌，而记其说于末，以备参考。

【译文】

周公说："唉！我听说，过去殷王中宗，严恭敬畏，以恪守天命来要求自己，治理民事十分谨慎小心，不敢怠惰。所以他享有王位七十五年。到了高宗，先前在外面吃了不少苦，惠爱小民；后来做了王，沉默不言，三年不论政事，深入民间体察民情，不论政事，偶尔论及国事，却又得到广泛赞同；他不敢荒废国事，贪图安逸，因此国家治理得很太平，从百姓到朝臣，没有一句怨言。所以他享位也有五十九年。祖甲在位时，他本没有准备做王，沦落在民间很久。等到登了王位，却识得小民们的苦衷，能安养惠爱老百姓，连孤苦没有依靠的人都不轻慢。所以他享有帝位三十三年。从这以后立的王，生下来就贪图安逸，生下来就贪图安逸，不了解农作的艰难，不知道小民的劳苦，只是寻欢作乐。所以此后的殷王也没有一个是长久在位的，或十年，或七八年，或五六年，或三四年罢了。"

周公曰："呜呼！厥亦惟我周，太王、王季克自抑畏^①。文王卑服^②，即康功田功^③；徽柔懿恭^④，怀保小民，惠鲜于鳏寡^⑤；自朝至于日中、昃^⑥，不遑暇食，用咸和万民^⑦。文王不敢盘于游田^⑧，以庶邦惟正之供^⑨。文王受命惟中身^⑩，厥享国五十年。"

【注释】

①太王：古公亶父，文王的祖父，王季的父亲。王季：文王的父亲。抑畏：谨慎戒惧。

②卑服：服从，遵循。卑，通"俾（bǐ）"。

③康功田功：章太炎《古文尚书拾遗》说："康功者，谓平易道路之事。田功者，谓服田力穑之事。前者职在司空，后者职在农官，文王皆亲莅之。"可从。

④徽：善良。懿：美。恭：敬。

⑤惠：爱。鲜：通"斯"，语助词，无意义。

⑥朝：早晨。日中：中午。昃（zè）：太阳偏西。指黄昏。

⑦用：以。咸：同"諴"，和。

⑧盘：乐。田：狩猎。

⑨以：与。庶邦：众邦。指臣服于周的诸方国。正：通"政"。供：奉。

⑩中身：中年。

【译文】

周公说："啊！只有我们周家太王和王季能谦恭戒惧。文王秉承两位先王的德行，亲身管理平治道路和农业生产两件大事；他心地仁爱恭敬，关心爱护小民，普施恩惠给那些孤苦无依的人；从早上到中午，到晚上，常常忙得没空吃饭，为的是让百姓和谐生活。文王不敢沉湎于游乐狩猎，只忙于和许多属邦诸侯共理政事。因此，他即位时虽已到中年，却还能享位五十年之久。"

周公曰："呜呼！继自今嗣王则其无淫于观^①，于逸，于游，于田，以万民惟正之供。无皇曰^②：'今日耽乐。'乃非民攸训^③，非天攸若^④，时人丕则有愆^⑤。无若殷王受之迷乱^⑥，酗于酒德哉！"

【注释】

①淫：过度玩乐。观：游览。

②皇：通"兄（况）"，更。

③攸：所。训：顺。

④若：顺。

⑤时：通"是"。丕则：于是。愆：过错。

⑥受：即商纣王。《竹书纪年》称"帝辛受"。

【译文】

周公说："唉！从今以后继位的王可不要沉湎于游览里，沉湎于享乐里，沉湎于乐游里，沉湎于田猎里，要尽力和百姓共同推行政事。更不要说：'今天玩一玩就好。'要知道这是百姓所不允许的，也是上天所不允许的，这样下去是要犯错的。千万不要像殷纣王那样迷乱，酗酒无度啊！"

周公曰："呜呼！我闻曰，古之人犹胥训告^①，胥保惠，胥教诲，民无或胥诪张为幻②。此厥不听③，人乃训之④，乃变乱先王之正刑⑤，至于小大，民否则厥心违怨⑥，否则厥口诅祝⑦。"

【注释】

①人：指君主和臣民。犹：由，用。胥：互相。

②或：有。诪（zhōu）张：欺诳。幻：惑乱。

③厥：其，你。

④训：以……为榜样。

⑤正刑：旧法。

⑥否则：于是。违：怨。

⑦祝：诅咒。

【译文】

周公说："唉！我听说，古时的君主和臣民之间常常互相告诫，互相爱护，互相教诲，百姓也就没有相互造谣欺诈的事。如果你们不接受别人的劝导，官员们就会引为榜样，变乱先王的旧法，扩及大大小小的法令，百姓于是心里就会激起怨恨，口里就会发出诅咒。"

周公曰："呜呼！自殷王中宗及高宗及祖甲①，及我周文王，兹四人迪哲②。厥或告之曰③：'小人怨汝詈汝④。'则皇自敬德⑤。厥愆，曰：'朕之愆！'允若时⑥，不啻不敢含怒⑦。此厥不听，人乃或诪张为幻，曰：'小人怨汝詈汝！'则信之。则若时，不永念厥辟⑧，不宽绰厥心，乱罚无罪，杀无辜，怨有同⑨，是丛于厥身⑩！"

【注释】

①殷王中宗及高宗及祖甲：其间可能有简编错乱，或建议改为"自殷王太宗及中宗及高宗"，其说可从，见上文注释。今暂保留原貌。

②迪：用。

③或：有的人。

④詈（lì）：骂。

⑤皇：通"兄（况）"，更。

⑥允：信。若时：如此。

⑦不啻（chì）：不但。

⑧永：长。辟：法度。指上四王树立的典型。

⑨同：会同。

⑩丛：聚集。

【译文】

周公说："唉！从殷王中宗、高宗、祖甲，到我们周家的文王，这四个人是最圣明的。如果有人告诉他们说：'百姓在怨你骂你呀！'他们就更加谨慎于德行。有了过错，他们会很坦率地承认说：'这是我的错！'他们真的就是这样坦白，不只是没有怨恨而已。假如听不进这些话，百官们就会造谣欺诈，说：'百姓在怨你骂你啊！'你一听就信以为真。如果这样，不好好想着先王树立的光辉典型，不开拓自己的心胸，而去惩罚无罪，滥杀无辜，那么百姓的怨恨必有所会同，自然集中到你一个人的身上了！"

周公曰:"呜呼!嗣王其监于兹①!"

【注释】

①嗣王:指周成王。监:通"鉴",借鉴。

【译文】

最后,周公说道:"唉!王,你要以这些为鉴戒啊!"

君　奭

　　《史记·燕召公世家》载:"成王既幼,周公摄政,当国践祚,召公疑之,作《君奭》。君奭不说周公。周公乃称'汤时有伊尹,假于皇天……'于是召公乃说。"《君奭》是周成王时,周公为对同时辅政的召公奭强调大臣对于商周王朝兴衰的重要性,希望能一起借鉴历史教训,和衷共济,团结一致治理国家的一篇谈话。本篇是研究周初天命思想和商周历史的重要文献。

周公若曰："君奭①！弗吊②，天降丧于殷。殷既坠厥命，我有周既受，我不敢知曰厥基永孚于休③。若天棐忱④，我亦不敢知曰其终出于不祥。

【注释】

①君奭：指召公。君，尊称。

②弗吊：指纣王干坏事。弗，不。吊，善。

③基：始。孚：信。休：美。

④若：语气词。棐：通"匪"，非。忱：诚，信。

【译文】

周公说："君奭啊！由于纣王干尽了坏事，老天把丧亡之祸降给了殷国。现在殷已丧失了他们的天命，由我周朝承受了，但我不敢说我们有周刚开始的基业就肯定这样美好下去。即使天命不可信赖，我也不敢说我们有周的国运最后能否长久。

"呜呼！君已曰时我①，我亦不敢宁于上帝命②，弗永远念天威越我民③。罔尤违④，惟人在⑤！我后嗣子孙大弗克恭上下⑥，遏佚前人光在家⑦，不知天命不易，天难谌⑧，乃其坠命，弗克经历嗣前人恭明德⑨。

【注释】

①时我：同意我的做法。时，通"是"。

②宁：安，恃。

③越：与，和。

④罔：无。尤：罪过。违：违戾。

⑤在：通"哉"。

⑥克：能。上下：指天地。

⑦遏：绝。佚：失去。光：光烈。家：指周王朝。

⑧谌（chén）：诚，信。

⑨经历：经营行事。

【译文】

"唉！您曾经同意我的看法，但我也不敢就这样安然信赖于天命，不敢不长远敬念上天的威严和百姓们的疾苦。会不会产生过错，全在于自己啊！假如我们后嗣子孙不能承顺天地神祇的旨意，丢弃掉文王武王的光辉事业，不知道获得天命的艰难，不懂得老天也难以完全信赖，就会丧失自己的天命，也就无从经营努力于文王武王的光辉德业了。

"在今予小子旦①，非克有正②，迪惟前人光，施于我冲子③。"

【注释】

①予小子旦：周公自称。

②正：匡正，表率。

③施：延。冲子：幼小的儿子。这里指周成王。

【译文】

"现在我姬旦，虽不能说能有所表率，只有继续发挥文王武王的光荣传统，好延续到我们年轻的成王身上。"

又曰："天不可信，我道惟宁王德延^①，天不庸释于文王受命^②。"

【注释】

①道：语助词。宁王：当作"文王"。

②庸：用。释：弃。

【译文】

周公又说道："老天是不可无条件信赖的，我们只有继承和发展文王的大德，老天才不会舍弃文王接受下来的大命。"

公曰："君奭！我闻在昔成汤既受命，时则有若伊尹^①，格于皇天^②。在太甲^③，时则有若保衡^④。在太戊^⑤，时则有若伊陟、臣扈^⑥，格于上帝；巫咸乂王家^⑦。在祖乙^⑧，时则有若巫贤^⑨。在武丁^⑩，时则有若甘盘^⑪。率惟兹有陈^⑫，保乂有殷，故殷礼陟配天^⑬，多历年所^⑭。天惟纯佑命^⑮，则商实百姓、王人^⑯，罔不秉德明恤^⑰。小臣、屏侯、甸^⑱，矧咸奔走^⑲。惟兹惟德称^⑳，用乂厥辟^㉑，故一人有事于四方^㉒，若卜筮，罔不是孚^㉓。"

【注释】

①伊尹：商汤时的辅政大臣，原为商汤妃有莘氏之媵

臣，受汤重用，佐汤灭夏，建立商朝。至太甲时被杀。

②格：孙星衍《尚书今古文注疏》说："《释诂》云：'升也。'谓汤得伊尹辅佐成功，升配于天也。"

③太甲：商长子太丁之子，殷王朝第五任国君。

④保衡：官名。王身边的辅助大臣，陈梦家《殷墟卜辞综述》认为即甲骨文中的黄尹。旧说保衡就是伊尹，非也。

⑤太戊：殷王朝第十任国君，太甲之孙。

⑥伊陟（zhì）：商王太戊的辅政大臣，相传与伊奋为伊尹的两个儿子。臣扈（hù）：商王太戊时的辅政贤臣。

⑦巫咸：商代著名贤臣。一说即卜辞中的咸戊。杨筠如《尚书覈诂》说："其名本为咸戊，故或称巫咸，或称巫戊也。"乂：治。王家：商王朝。

⑧祖乙：商王朝第十四任国君，甲骨文中称为中宗。

⑨巫贤：祖乙的贤臣。

⑩武丁：商王朝第二十三任国君，即高宗。

⑪甘盘：武丁的贤臣。

⑫率：大率，大都。兹：这。有陈：吴闿生《尚书大义》说："有陈，谓有列位者。"

⑬陟：登，升。俞樾《尚书平议》："谓殷人之礼死则配天而称帝也。《竹书纪年》：'凡帝王之终皆曰陟。'此经陟字，义与彼同。"

⑭历：久。所：助词。

⑮天惟纯佑命：戴君衡《尚书补商》说："此推言

商六臣之功也。'纯佑'，李氏光地曰：'犹良佐也。''命'，天命之也。'天惟纯佑命'，犹云'天惟命纯佑'，倒文也。"可从。

⑯实：杨筠如《尚书覈诂》说："犹是也，是与之同，古是、之通用。"百姓：异姓之臣。王人：王之族人，即同姓贵族。

⑰秉：奉持。明：通"勉"。恤：谨慎。

⑱小臣：这里指亲近君主的朝廷重臣。屏：并。侯、甸：泛指商的附属诸侯国。

⑲矧：语助词。咸：都。奔走：效力。

⑳兹：此。指上六个名臣。称：举。

㉑乂：通"艾"，相。辟：君主。

㉒一人：指君王。

㉓孚：信。

【译文】

周公说："奭啊！我听说过去商王成汤受了天命后，当时有着伊尹这样的贤臣辅佐，就使得他祭祀时享配于天。到太甲在位，当时则有贤臣保衡。太戊在位，当时就有贤臣伊陟、臣扈辅佐，也使他祭祀时享配于天帝；还有贤臣巫咸治理王家有功。祖乙在位，当时有贤臣巫贤。武丁在位，当时又有贤臣甘盘。大概都是因为这些王朝贤臣在，安定治理了殷王朝，才能使上述诸王死后配祀于天，经历了许多年代。上天降下这几位贤良臣佐，于是商朝异姓、同姓之臣，无不秉承其德，谨慎政事。亲近重臣，各地诸侯，也无不奔走效力于王朝。正因为上述诸贤臣以德行见称，群策群力辅佐君王，天子有政事要施行于天下时，四方臣民无不信奉贯彻，就像信奉占卜的灵验一样。"

公曰："君奭！天寿平格^①，保乂有殷，有殷嗣^②，天灭威^③。今汝永念^④，则有固命^⑤，厥乱明我新造邦^⑥。"

【注释】

①寿：久。平格：平康。

②嗣：指纣王继位。

③威：恶。

④永念：永远记住。

⑤固命：天命。

⑥厥：语助词。乱：治。明：成。新造邦：即刚建立的西周王朝。

【译文】

周公说："君奭啊！上天赐给上述诸臣平顺安康，来辅治殷王朝，但殷王朝嗣君纣继位后，天灭其恶。你要记住这些，才能获得上天的定命，治理成就我们这个新建立的国家。"

公曰："君奭！在昔上帝割申劝宁王之德^①，其集大命于厥躬^②？惟文王尚克修和我有夏^③，亦惟有若虢叔，有若闳夭，有若散宜生，有若泰颠，有若南宫括^④。又曰无能往来兹迪彝教^⑤，文王蔑德降于国人⑥。亦惟纯佑秉德⑦，迪知天威⑧，乃惟时昭文王迪见⑨，冒闻于上帝⑩，惟时受有殷命哉！

【注释】

①割：通"害"，曷，为什么。申：重，一再。劝：劝勉。宁王：文王。

②躬：身。

③修：治。有夏：即"夏"，指中国。

④"亦惟"五句：虢（guó）叔、闳夭、散宜生、泰颠、南宫括，五人都是文王的卿士、贤臣。《左传·僖公五年》云："虢仲、虢叔，王季之穆也。为文王卿士，勋在王室。"《国语·晋语》云："文王在傅弗勤，处师弗烦，敬友二虢。其即位也，咨于二虢，度于闳夭，谋于南宫。"《史记·周本纪》载："闻西伯善养老，盍往归之。太颠、闳夭、散宜生、鬻子、辛甲大夫之徒皆往归之。"《说苑·君道》篇云："文王以武王、周公为子，以泰颠、闳夭为臣。"《史记·周本纪》载武王"命南宫括散鹿台之财，发钜桥之粟，以振贫弱萌隶。命南宫括、史佚展九鼎宝玉"。泰颠、闳夭、散宜生、南宫括四人在武王时仍为重臣。

⑤又曰：即"有曰"，下文以假设之辞反其意而言之。往来：奔走效力。迪：导。彝：常。

⑥蔑：无。

⑦纯佑：贤臣良佐。秉：持。

⑧天威：天命。

⑨时：通“是”。昭：辅助。见：显示。

⑩冒：勉励。

【译文】

周公说："君奭啊！过去天帝为什么一直殷勤奖劝文王的美德，把天命集中在他身上呢？因为只有文王才能把华夏诸民族团结起来，当时更有如虢叔、闳夭、散宜生、泰颠、南宫括等治国贤才。可以说假如没有这些贤臣辅佐文王宣导德教，文王的德行无以普及万民。也因为这五位贤臣良佐秉承明德，才能进知天命，也由于这几位辅佐文王以致圣道显著，才能感动上通于天帝，如此才承受了殷的天命啊！

"武王，惟兹四人，尚迪有禄①。后暨武王诞将天威②，咸刘厥敌③。惟兹四人昭武王惟冒④，丕单称德⑤。

【注释】

①迪：语助词。有禄：还活着。死者称"不禄"。

②暨：与。诞：乃。

③刘：杀。

④冒：覆盖。

⑤丕：大。单：通"殚"，尽。称：举。

【译文】

"到武王时，这几位贤臣中只有四个还在。他们跟随武王敬奉天命，诛杀敌人。他们四人昭明武王之德覆盖天下，使天下尽称武王之德。

"今在予小子旦^①，若游大川，予往暨汝奭其济。小子同未^②，在位，诞无我责^③，收罔勖不及^④，耇造德不降^⑤，我则鸣鸟不闻^⑥，矧曰其有能格^⑦！"

【注释】

①今在：现在。予小子旦：周公自称。

②小子：周公自称。或谓成王，误。同：即"侗（tóng）"，幼稚，未成器。未：同"昧"，昏暗不明。

③诞：其。

④收：成。勖：勤勉。及：至。

⑤耇（gǒu）：年长。造：成。降：和同。

⑥鸣鸟：比喻谠言、高论。

⑦矧（shěn）：况。格：至，知。

【译文】

"现在我小子姬旦，就像在大河里游走，我前往和您共渡。现在我小子姬旦暗昧不成器，在位官员没有一个匡正我的，勉励我的，老成有德的人再不来和同相应我，我就听不到有益的高言谠论了，更谈不上什么知天命了！"

公曰："呜呼！君^①！肆其监于兹^②。我受命无疆惟休^③，亦大惟艰，告君乃猷裕我^④，不以后人迷^⑤。"

①君：指召公奭。

②肆：今，现在。监：通"鉴"，借鉴。

③无疆：无限。休：美。

④乃：虚词。歊裕：告导。

⑤后人：即后王，成王。

【译文】

周公说："啊！君奭！现在你应当对此有所借鉴。我们周朝从老天那接受大命，可谓无比美好，却是经历了极大的艰难才得来的，因此希望你教导我，不可使后王迷误啊！"

公曰："前人敷乃心①，乃悉命汝②，作汝民极③。曰，汝明勖偶王在④！亶乘兹大命⑤。惟文王德，丕承无疆之恤⑥。"

【注释】

①前人：指武王。敷乃心：古人成语。坦露心意。敷，布。乃，其。

②悉：全，都。汝：指周公和召公。

③极：准则，楷模。

④明勖：同义词连用，勉励。偶：辅佐。在：通"哉"。

⑤亶：通"单"，即"殚"，尽。

⑥承：承受。恤：忧患。

【译文】

周公说："武王曾坦露过他的心思，详尽地说，命令你们能够成为大臣和百姓的楷模。还说，你们勤勉地辅助成王啊！要竭尽全力地接受这个使命。文王的圣德，一定要大加发扬，这将是无穷忧勤的事业。"

公曰："君！告汝，朕允保奭①，其汝克敬以予监于殷丧大否②，肆念我天威③。予不允惟若兹诰④。予惟曰：'襄我二人⑤，汝有合哉！'言曰：'在时二人⑥，天休滋至⑦。'惟时二人弗戡⑧。其汝克敬德，明我俊民在⑨！让后人于丕时⑩。呜呼！笃棐时二人⑪，我式克至于今日休⑫。我咸成文王功于不怠⑬，丕冒海隅出日⑭，罔不率俾⑮。"

【注释】

①允：于省吾《尚书新证》谓"允"乃"兄"之讹，召公乃周公之兄，今从之。或释"允"为"信"，亦通。保奭：召公为太保，故称保奭。

②否（pǐ）：厄。

③肆：长。

④允：于省吾《尚书新证》谓此"允"亦"兄"之讹，"兄"训作"皇"，暇也。不兄即不暇。今从之。

⑤襄：助。

⑥时：通"是"。

⑦休：美。

⑧戡：胜。

⑨明：彰明。俊民：贤人。在：通"哉"。

⑩让：通"襄"，襄助。后人：即后王，指成王。丕

  时：斯时，此时。

⑪笃：诚。棐：通"匪"，非。时：通"是"。

⑫我：指周王朝。式：用。克：能够。休：美。

⑬咸：皆。

⑭丕：大。冒：覆。

⑮率：顺。俾（bǐ）：从。

【译文】

  周公说："君奭啊！告诉你，我的大兄保奭，希望你能恭敬地和我一道借鉴殷人丧亡的大厄，永远顾念着我周朝的天命。我无暇讲这些。我只是想说：'希望有能襄助我二人的，但只有您和我同心合德！'有人说：'有此二人共辅王室，老天的美好会日益降临。'不过这不是我二人能独自承受的。希望你能尊敬贤德，彰明显扬我们国家优秀的人才！好在这时襄助成王。唉！正因为有我们二人，我们周家才能有今天这样美好的局面。让我们一起来成就文王的大功，永不懈怠，使四海之内像海上升日一样，都覆盖着文王的德教，无不遵循服从我们周朝的统治。"

  公曰："君！予不惠若兹多诰，予惟用闵于天越民①。"

【注释】

①闵：忧虑。越：与。

【译文】

周公说："君奭啊！我不想这么多话，我只是忧虑天命和我们的百姓。"

公曰："呜呼！君！惟乃知民德，亦罔不能厥初①，惟其终。祗若兹②。往敬用治③。"

【注释】

①罔：不。

②祗：敬。

③用：以。

【译文】

周公说："唉！君奭！你知道民众的脾性，做一件事情，开始都是不错的，却很少能善始善终。坚持到底，你要慎重对待这个问题。从今往后，希望你恭敬地治理好国家。"

多　方

　　此篇写成年代有异说。今从上文《多士》篇题解引刘起釪先生之说，《多方》乃周公摄政三年平定奄地叛乱，回到宗周，对各诸侯国君以及殷商旧臣等所作的一篇诰辞，强调他们应该认清天命，老老实实服从周王朝的统治。

惟五月丁亥①，王来自奄②，至于宗周③。

【注释】

①五月丁亥：周公摄政三年的五月丁亥。

②王：指周公。奄：古国名。在今山东曲阜东。奄是东方强大方国，曾参加周初反叛，是东方国家叛乱的中心之一。《尚书大传》曰："周公摄政三年，践奄。"

③宗周：镐京，武王始都，在今陕西西安西南。

【译文】

五月丁亥这一天，王从奄地归来，到了宗周。

周公曰①。

【注释】

①周公曰：此篇诰辞纯为周公所讲，此是史臣纪事之辞。曰，讲话。

【译文】

周公讲了一番话。

王若曰①："猷告尔四国多方惟尔殷侯尹民②，我惟大降尔命③，尔罔不知。

【注释】

①王若曰：大臣代宣王命或史臣记载王命用语。此处是史臣记周公之语。

②獻告：马融本作"大告猷"。猷，于。四国多方：
于省吾《尚书新证》认为京畿范围内京师四外之
地称四国，四国之外诸地称多方。殷墟卜辞中有土
方、鬼方、羌方等，都是指殷王畿之外存在的不同
部族。所以"四国多方"，指四国境内的各族首领
及四方境内称为方的各族首领。殷侯尹民：泛指殷
诸侯的正长。

③降尔命：给你们降下宽宥、好处。

【译文】

王这样说："告诉你们四国、多方的首领们和殷的诸
侯、官员们，我安排你们美好的命运，你们没有不知道的。

"洪惟图天之命①，弗永寅念于祀②，惟帝降格
于夏③。有夏诞厥逸④，不肯戚言于民⑤，乃大淫昏，
不克终日劝于帝之迪⑥。乃尔攸闻。厥图帝之命，
不克开于民之丽⑦，乃大降罚，崇乱有夏⑧，因甲于
内乱⑨。不克灵承于旅⑩，罔丕惟进之恭⑪，洪舒于
民⑫。亦惟有夏之民，叨懫日钦⑬，劓割夏邑⑭。天
惟时求民主，乃大降显休命于成汤⑮，刑殄有夏⑯。

【注释】

①洪惟：周公代替成王发布命令时常用的发语词。图：
败坏。

②寅：敬。祀：祭祀之礼。

③格：告。此处指谴告。

④诞：大。逸：放纵。

⑤戚：忧。言：语助词。

⑥克：能够。劝：劝勉。迪：导，由。

⑦丽：法则。

⑧崇：重，增。

⑨甲：通"狎"，习。

⑩灵承：周人成语。自下奉上之词，善受之意。旅：嘉美。

⑪罔丕惟：古成语。无不如此。进：财。恭：共。

⑫洪：大。舒：通"荼"，荼毒。

⑬叨（tāo）：贪婪。懫（zhì）：忿戾。钦：兴。

⑭劓（yì）割：残害。劓，害。

⑮显：光。休：美。

⑯殄（tiǎn）：绝。

【译文】

"因为夏王败坏天命，又不敬重于祭祀大礼，天帝对夏王降下了谴告。而夏王不知畏惧，还大肆享乐，不肯忧念他的百姓，甚至大大地发昏，不能终日勤勉于天道。这是你们所共知的。他败坏了天命，不能宣示人们以法度政教，还大降罪孽，给夏朝增添祸乱，狎习淫恶。不能好好接受上天的美命，他和臣下无不大力搜刮财货，荼毒百姓。因而夏民也惟以贪饕忿戾相鼓动，竞相剥削残害损坏着夏朝。上天为了寻求一个较好的君王，于是大降美命于成汤，让他灭绝夏朝。

"惟天不畀纯①，乃惟以尔多方之义民②，不克永于多享③；惟夏之恭多士④，大不克明保享于民⑤，乃胥惟虐于民⑥，至于百为，大不克开⑦。乃惟成汤克以尔多方简代夏作民主⑧。慎厥丽乃劝⑨。厥民刑用劝。以至于帝乙⑩，罔不明德慎罚，亦克用劝。要囚⑪，殄戮多罪，亦克用劝。开释无辜，亦克用劝。今至于尔辟⑫，弗克以尔多方享天之命。呜呼！"

【注释】

①畀：给。纯：大福，大命。

②以：与。义民：贤者。

③克：能够。

④恭：通"供"，指所供职位。

⑤明：通"勉"。保：安。

⑥胥：皆。惟：为。

⑦开：通。

⑧乃惟：只有。简：虚词，无意义。

⑨丽：法则。

⑩帝乙：商汤第六世孙祖乙，商王朝第十四任国王，卜辞中称为中宗祖乙。

⑪要囚：幽囚。

⑫辟：君。指商纣王。

【译文】

"老天之所以不降命给桀，只是由于桀的多方贤者，不能长久地享其职位；只是由于桀任用的多方官员，不能保育百姓，却大肆残害百姓，无所不至，夏朝自然陷入了无可救药的地步。只有成汤善于取得多方众士的支持，取代了夏王做了百姓的君主。他谨慎于刑法，民众感动而勤勉从善。他一旦用刑于有罪，也使民众畏惧而知向善。从汤王直到中宗祖乙，都是明德慎罚，能使百姓勉于从善。对幽囚的犯人，杀戮其中罪大恶极的，百姓也由此勉于向善。释放无罪的犯人，百姓也由此勉于向善。汤王明德慎罚，民众如此拥戴，而今天你们的纣王，竟然不能和你们多方首领们共享天命而至于灭亡。唉！"

　　王若曰："诰告尔多方，非天庸释有夏①，非天庸释有殷，乃惟尔辟以尔多方大淫，图天之命②，屑有辞③。乃惟有夏，图厥政，不集于享④，天降时丧⑤，有邦间之⑥。乃惟尔商后王⑦，逸厥逸，图厥政，不蠲烝⑧，天惟降时丧⑨。

【注释】

①庸：用。释：厌弃。

②图：败坏。

③屑：繁碎众多的样子。

④集：和。享：祭祀。

⑤时：通"是"。

⑥有邦：这里指商。间：代替。

⑦商后王：即商朝末代王纣。

⑧蠲（juān）：清洁。烝：祭祀活动。

⑨惟：又。

【译文】

王这样说："告诉你们多方之人，并不是上天厌弃了夏朝，也并不是上天厌弃了殷朝，实在是因为你们君主率多方首领大肆淫恶，败坏天命，甚至还碎言粉饰罪行。夏王败坏了政事，遭到神祇的厌弃而不能和谐于享祀，老天才降了这灭亡之命给他，从而使商王取代了他。但是你们商代后王，贪图逸乐，败坏政事，不清洁诚恳地奉行祭祀，老天也只得又降了这丧亡之命给他。

"惟圣罔念作狂①，惟狂克念作圣。天惟五年须暇汤之子孙②，诞作民主③，罔可念听。天惟求尔多方，大动以威④，开厥顾天⑤，惟尔多方罔堪顾之⑥。惟我周王灵承于旅⑦，克堪用德，惟典神天⑧。天惟式教我用休⑨，简畀殷命⑩，尹尔多方⑪。

【注释】

①圣：聪明睿智。念：敬念，念善。狂：愚狂无知。

②须：等待。暇：宽暇。子孙：指纣王。

③诞：其。民主：君王。

④大动以威：指天降灾异以谴告之。

⑤厥：其。指多方。顾天：仰承天意。

⑥罔：不。

⑦灵承于旅：善受嘉休。指文王、武王善承上天所赐

大命。

⑧典：主。

⑨式：用。教：告。休：美。

⑩简：大。畀：给。

⑪尹：正，治理。

【译文】

"聪明睿智的人不念善行就会渐成愚昧，狂荡愚昧的人一心念善也会渐成睿智。上天考察你们汤的子孙纣王，等了他五年，希望他能改恶从善，当好百姓的君主，可他根本不考虑，也根本不信天命。老天只有对你们多方人士，降下灾异来谴告，希望开发出能仰承天意的人，但你们多方人士中没有能仰承天意的人。只有我周王善承天的美命，又能施行德政，足以主持天地神祇的祭祀。老天就将吉祥美好的迹象告诉了我们周朝，将以前殷朝所承受的天命转给了我们，我们就靠这天命治理好了多方诸侯。

"今我曷敢多诰①，我惟大降尔四国民命。尔曷不忱裕之于尔多方②？尔曷不夹介乂我周王③，享天之命？今尔尚宅尔宅④，畋尔田⑤，尔曷不惠王熙天之命⑥？

【注释】

①曷敢：岂敢。

②忱裕：劝导。

③夹：近。介：善。乂：治。

④宅尔宅：前一个"宅"作动词，居住；后一个"宅"
是居住之处。

⑤畋（tián）：平治田亩。

⑥惠：顺。熙：广。

【译文】

"现在我哪敢烦琐地对你们讲这么多告诫的话，我只是郑重地赐予你们四国民众美好的命运。你们四国之民为什么不把这些劝导转告多方诸侯？你们为什么不靠拢亲附于我周王，共享天命？现在你们都安居乐业，耕种着自己的田园，为什么不依顺我周王来发扬上天的美命？

"尔乃迪屡不静①，尔心未爱②，尔乃不大宅天命③，尔乃屑播天命④，尔乃自作不典⑤，图忱于正⑥。

【注释】

①迪：作。静：安定。

②爱：惠，顺。

③宅：度，考虑。

④屑播：轻易抛弃。

⑤典：法。

⑥图：图谋。忱：信。正：正义。

【译文】

"你们屡次搞叛变活动，心里没有驯顺之意，你们竟然不认真考虑天命，却轻易抛弃掉天命，你们自为非法乱常，还企图以正义取信于人。

"我惟时其教告之①，我惟时其战要囚之②。至于再，至于三，乃有不用我降尔命③，我乃其大罚殛之④。非我有周秉德不康宁⑤，乃惟尔自速辜⑥。"

【注释】

①惟时：于是。

②战：通"殚"，尽。

③有：同"又"。

④殛（jí）：诛杀。

⑤康：安。

⑥速：召。辜：罪。

【译文】

"我只好严肃教训你们，必要时我会尽数把不法之徒幽囚起来。我教导再三，如果还有不遵行我下达的命令，我只好大行惩罚，直至诛杀。这并非我周朝秉持德教，故为不宁，实在是你们自取其罪。"

王曰："呜呼！猷告尔有方多士暨殷多士①：今尔奔走臣我监五祀②，越惟有胥伯小大多正③，尔罔不克臬④。自作不和⑤，尔惟和哉⑥；尔室不睦⑦，尔惟和哉。尔邑克明⑧，尔惟克勤乃事。尔尚不忌于凶德⑨，亦则以穆穆在乃位⑩。克阅于乃邑谋介尔⑪，乃自时洛邑⑫，尚永力畋尔田⑬。天惟畀矜尔⑭，我有周惟其大介赉尔⑮。迪简在王庭⑯，尚尔事，有服在大僚⑰。"

【注释】

①暨：及。

②奔走：效劳。监：指灭殷后所立监督殷民的"三监"。五祀：五年。指"监殷民之日"起至这篇诰辞对殷民讲话之时正好五年。

③越惟：发语词。胥：徭役，亦即赋税。伯：通"赋"。正：通"征"，征调。

④臬（niè）：准。

⑤和：和睦。

⑥惟：思。

⑦室：家庭。

⑧克：能。

⑨忌：通"期"，期望。

⑩穆穆：和敬的样子。

⑪阅：历久。介：助。

⑫时：通"是"。

⑬永：长。

⑭畀（bì）：赐予。矜：怜。

⑮介：助。赉：赐。

⑯迪：进。简：择。

⑰服：事。僚：官。

【译文】

　　王说："唉！告诫你们多方的首领和殷商旧臣们：现在你们臣服效劳于我周朝的管理已经五年了，对于规定的大小徭役、赋税和各种征调，你们都能按准额交纳。如果你们之间有不和的，应该和好起来；家庭有不亲睦的，也要亲睦起来。如果你们能够治理好自己的居邑，就算你们能勤于职守。我不期望你们遇到坏事，但望你们能和敬地保有禄位。只要能长久相安于你们的居邑，我当设法相助，使你们在洛邑安定下来，长期从事田亩。上天也会怜惜你们，我周朝更会大大帮助和赏赐你们，你们当中有才干的，将选拔到王廷来，勤勉尽力于职守的，可以提升到高级机构任职。"

王曰："呜呼！多士，尔不克劝忱我命①，尔亦则惟不克享，凡民惟曰不享。尔乃惟逸惟颇②，大远王命，则惟尔多方探天之威③，我则致天之罚，离逖尔土④。"

【注释】

①劝：勉。忱：信。

②逸：逸乐放荡。颇：邪。

③探：触冒。

④离逖：远远离开。逖，远。

【译文】

王说："唉！四方诸侯和殷商旧臣们，如果你们不能努力服从我的命令，你们也就不能享有你们的禄位，下面的小民也不能享有财富。如果你们只知道逸乐放荡，背弃王命，那就是你们四方诸侯和殷商旧臣们敢于触犯天威，我就只好执行天罚，远远流放你们，夺走你们的土地。"

王曰：“我不惟多诰，我惟祗告尔命①。”

【注释】

①祗：敬。

【译文】

王说：“我不想费口舌告诫你们了，我只是恭敬地告知你们所承受的上天赐下的命运。”

又曰：“时惟尔初①，不克敬于和，则无我怨。”

【注释】

①时：通“是”。

【译文】

王又说：“现在是你们从头开始的机会，如果你们不能敬遵天命和谐相处，可别怨我执行处罚！”

立 政

　　"政"与"正"同，"立政"即建立长官。《史记·鲁周公世家》载："周之官政未次序，于是周公作《周官》，官别其宜；作《立政》，以便百姓，百姓说。"《立政》篇中周公总结夏、商两代设官的经验教训，向成王提出一套设立、任用官员的建制和法度，特别反复强调了君王不要干预刑狱司法程序，要由相关人员全权负责。本篇是研究周代官制的一篇重要文献。

周公若曰①："拜手稽首，告嗣天子王矣②！用咸戒于王曰王左右常伯、常任、准人、缀衣、虎贲③。"

【注释】

①周公若曰：周公这样说。这是史臣记录君王说话的用语。

②嗣天子王：成王继承武王即天子之位，故称。

③用：因此。咸：都。戒：告诫。左右：指王身边的大臣。常伯：管理民事的长官，即下文的"牧"。常任：执掌政事的长官，即下文的"任人"。准人：司法长官，即下文的"准夫"。缀衣：掌管王的衣服的官。虎贲：王的侍卫武官。

【译文】

周公这样说："我跪拜叩头，敬告继天子大位的王！我要同时对王和左右的常伯、常任、准人三大臣和缀衣、虎贲等官员都告诫一番。"

周公曰："呜呼！休兹知恤鲜哉①！

【注释】

①休兹知恤：犹今云"居安思危"。休，美。兹，这。恤，忧。

【译文】

周公说："唉！居安思危的人实在是很少啊！

"古之人迪惟有夏①，乃有室大竞②，吁俊尊上帝③，迪知忱恂于九德之行④。乃敢告教厥后曰⑤：拜手稽首后矣。曰：宅乃事⑥，宅乃牧⑦，宅乃准⑧，兹惟后矣⑨。谋面用丕训德⑩，则乃宅人⑪，兹乃三宅无义民⑫。

【注释】

①迪惟：语助词，无意义。

②乃：代词，指夏朝。有室：王室。

③吁俊：求贤。

④迪：蹈。忱：诚，信。恂：信。九德：即《皋陶谟》
　中的"宽而栗，柔而立，愿而恭，乱而敬，扰而
　毅，直而温，简而廉，刚而塞，强而义"，也可以
　泛指多种德行。

⑤后：君王。

⑥宅：度，考虑。事：执掌政务的长官，即"常任"。

⑦牧：管理民事的长官，即"常伯"。

⑧准：公平执法，其长官即"准人"。

⑨兹惟后矣：如此而后可以为君王。

⑩谋面：通"黾勉"。丕：语助词。训：顺。

⑪宅人：宅而任之。

⑫三宅：即上文"宅乃事，宅乃牧，宅乃准"。义：
　通"俄"，倾邪。

【译文】

"古时夏朝王室非常强盛，是得力于求贤治国，尊事上

帝，恪守德行。大臣们敢于敬告他们的君主说：我们跪拜叩头，并口头敬告陛下：选择任命好您的执掌政事的大臣常任，管理民事的大臣常伯，公平执法的大臣准人，做好这三宅，就会成为好君主。黾勉地重用有才德的人，就能很好地任命大臣，使得三宅的任用不会有邪僻之人。

"桀德惟乃弗^①，作往任^②，是惟暴德罔后^③。

【注释】

①桀：夏末代君王。弗：通"咈"，悖戾。

②作：使。往：彼。

③罔后：无后。指大命灭绝。

【译文】

"到了德性悖戾的夏桀，任用的都是暴德之人，所以很快灭绝大命了。

"亦越成汤^①，陟丕厘上帝之耿命^②。乃用三有宅^③，克即宅^④，曰三有俊^⑤，克即俊。严惟丕式^⑥，克用三宅三俊。其在商邑，用协于厥邑；其在四方，用丕式见德。

【注释】

①越：及。

②陟：升，即帝位。厘：理，治。耿：光。

③三有宅：即上文"三宅"。

④克：能。即：就。宅：居官。

⑤三有俊：孙诒让《尚书骈枝》说"当即三宅之属官"，曾运乾《尚书正读》说："以事、牧、准之科目登进人才，曰'三有俊'。"

⑥惟：思。丕：大。式：法。

【译文】

"接着又有成汤，登上帝位能敬理上天的大命。择用三大臣的事，能干得很好，而择用三大臣，又是为了选取有俊德的属官，这也确实做好了。谨严地求贤，以此为取法，就能择用好三大臣及俊德之士。这样，在邦邑之内，就能用汤的选官之道协和邦邑；在四方，此大法之用更彰显了汤的圣德。

"呜呼！其在受德暋①，惟羞刑暴德之人②，同于厥邦③；乃惟庶习逸德之人④，同于厥政。

【注释】

①受：即商纣王。暋：通"闻"。

②羞：进献。刑暴德：性情残暴只知用刑的人。

③同：汇集。

④庶：众多。习：亲近。逸：失。

【译文】

"唉！到了商纣王，恶德远闻，只选用残暴好用酷刑的人，这些人充斥邦国；又用狎近丧德之徒，这些人充斥邦政。

"帝钦罚之①，乃伻我有夏②，式商受命③，奄甸万姓④。

【注释】

①钦：敬。

②伻：使。有夏：这里是周人自称，非指夏朝。

③式商：代替商。

④奄：抚。甸：治理。万姓：指天下万民。

【译文】

"上帝针对纣王的恶德严敬地降下惩罚，就使我有夏之裔周家代替商受了天命，抚治了万民。

"亦越文王、武王①，克知三有宅心②，灼见三有俊心③，以敬事上帝，立民长伯④。立政⑤：任人、准夫、牧⑥，作三事；虎贲、缀衣、趣马、小尹、左右携仆、百司、庶府⑦；大都、小伯、艺人、表臣百司、太史、尹伯、庶常吉士⑧；司徒、司马、司空、亚旅⑨；夷、微、卢烝，三亳阪尹⑩。

【注释】

①越：及。

②克：能。

③灼：明。

④长伯：正长侯伯。这里泛指官员。

⑤立政：即"立正"，设立官长。

⑥任人、准夫、牧：这三位属机要大臣。

⑦趣马：负责养马的官。小尹：小臣之长。左右携仆：携带王所用器物或驾车的仆夫。百司：内廷中分管王各项事务的官。庶府：分管王库藏的官。以上几位都是王的侍从，所谓宫中之官。

⑧大都：管理诸侯和王子弟们的采邑的官。小伯：管理卿、大夫采邑的官。艺人：居官的技术人员，如卜、祝、乐师、工师之流。表臣百司：在外廷分管政务的。太史：记事和作册命之官。尹伯：百官之长。庶常吉士：许多担任常务的士。以上都是办理政务的，所谓府中之官。

⑨司徒、司马、司空：诸侯的三卿。亚旅：众大夫，位次于卿。以上侯国之官。

⑩夷：泛指古代东方的少数民族。微：泛指南方的少数民族。卢：泛指西方的少数民族。烝：以上三支少数民族的君长，臣服于周。三亳：商人早期都邑之所在。汤时三亳，一般指南亳、北亳、西亳。阪尹：孙星衍《尚书今古文注疏》说："阪是山陂之名，尹是正长之称，既分亳为三邑，自必各为立长，其长称阪尹，以居峻险之处。"上几位为封疆之官。以上对周初职官的解释，基本采用顾颉刚先生《周公制礼的传说和〈周官〉一书的出现》一文的意见。

【译文】

"接着是文王、武王，能深知禹、汤贤王选拔三宅之人的用心，明白其选取才德之人的用意，由此敬奉上帝，为百姓建立官长。设立了以下官职：任人、准夫、牧，是执掌政务、公平执法、管理民事的三大正长；虎贲、缀衣、趣马、小尹、左右携仆、百司、庶府，负责侍奉国君，是王的近臣；大都、小伯、艺人、表臣百司、太史、尹伯、庶常吉士，这是外朝执行政务的官员；司徒、司马、司空、亚旅，这是诸侯的三卿及次于卿的众大夫，负责处理侯国事务；夷、微、卢烝，三亳阪尹等封疆大臣，处理边疆事务。

"文王惟克厥宅心^①，乃克立兹常事、司、牧人^②，以克俊有德^③。文王罔攸兼于庶言、庶狱、庶慎^④，惟有司之牧夫^⑤，是训用违^⑥。庶狱庶慎，文王罔敢知于兹。

【注释】

①克：能。厥：其。指上述被任用的内外服官员。宅：度，考虑。

②常事、司、牧人：即上文的三事，常事即常任，常司即准人，牧人即常伯。

③克俊有德：能用才俊有德的人为官。

④罔：无。攸：所。庶言：教令。庶狱：狱讼，即司法案件。慎：于省吾《尚书新证》说通"讯"，典法情讯。今从之。

⑤牧夫：即"牧人"。

⑥违：违背命令。

【译文】

"文王因为善于考察官员的德行，所以能任用有才德的人担任常事、常司、牧人等三宅之职。文王从不兼管法令之官、刑狱之官、掌典法情讯等官的职权，全部由主管官员全权负责，文王只是严明观察这些官员们是否能贯彻命令而已。刑狱、典法情讯之事，文王根本不去了解、干预。

"亦越武王^①，率惟敉功^②，不敢替厥义德^③，率惟谋从容德^④，以并受此丕丕基^⑤。

【注释】

①越：及。

②率：遵循。敉：抚安天下。

③替：废。厥：其。义德：仁义道德。

④率惟：语助词。谋：勉。容：颂。

⑤丕丕：伟大。基：基业。

【译文】

"到了武王，遵循着文王安抚天下的伟大功绩，不敢废弃大义与明德，顺从地加以颂美，因此，文王和武王共同完成了建立周朝的伟大基业。

"呜呼！孺子王矣^①，继自今我其立政^②：立事、准人、牧夫。我其克灼知厥若^③，丕乃俾乱^④，相我受民^⑤。和我庶狱庶慎，时则勿有间之^⑥，自一话一言。我则末惟成德之彦^⑦，以乂我受民^⑧。

①孺子：长辈对年轻晚辈的亲昵称呼，指周成王。

②继自今：杨筠如《尚书覈诂》说："此篇凡四见。盖系当时成语，意谓自今以后也。"其：将。

③克：能够。灼：明。厥若：指示代词，指上文"三有宅心"、"三有俊心"。

④丕乃：这样。俾（bǐ）：使。乱：治。

⑤相：助。受民：受自上天与祖先的臣民。

⑥时：通"是"，此。间：干预。

⑦末：终。惟：思。彦：美士。指有才德的人。

⑧乂：治。

【译文】

"啊！我年轻的王呀，从今以后，我们要这样设立官员正长：司政事的立事、司刑狱的准人、司民政的牧夫。我们要能明白了解其德行，使他们好好治理政务，帮助我们管理周朝所受的万民。要协和调理我们的刑狱之官和典法情讯之官，一句话一个字也不要干预其中。我们最后要重用才德超群之士，来治理我周朝所受的万民。

"呜呼！予旦已受人之徽言①，咸告孺子王矣②！继自今文子文孙③，其勿误于庶狱庶慎④，惟正是乂之⑤。

【注释】

①予旦：周公自称。已受：段玉裁《古文尚书撰异》

说今文作"以前"，杨筠如《尚书覈诂》说："'已'、'以'古通。'前'、'受'古文并从舟，盖以形近致讹，而今文之义较长。"杨说可从。徽言：美言。

②咸：皆。

③文：美称。

④误：失。

⑤正：官长当职者。

【译文】

"唉！我姬旦已经把前代任贤美谈，都告诉你这年轻的王了！从今以后我们周家即位的贤子贤孙们，千万不要错误地去干预刑狱之政与典法情讯之事，要让主管官员去全权处理。

"自古商人，亦越我周文王立政①：立事、牧夫、准人，则克宅之②；克由绎之③，兹乃俾乂④。国则罔有立政用憸人⑤，不训于德⑥，是罔显在厥世。继自今立政，其勿以憸人，其惟吉士⑦，用劢相我国家⑧。

【注释】

①越：到，及。

②宅：任用。

③由：用。绎：陈。

④俾：使。

⑤憸（xiān）人：好利之人。

⑥训：顺。

⑦吉士：善美君子之士。

⑧劢（mài）：勉力。相：助。

【译文】

"从以前的商代名王，到我们周文王建立官制：设立立事、牧夫、准人，都能妥善考察并择优任用；而且能施展其所长，让他们成就治功。没有一个国家在建立政长官职时任用小人的，小人不循守德行，君王不会因此光显于世。自今以后，设立政长官员，千万不要用小人，只应任用吉士贤才，让他们勤勉地治理我们的国家。

"今文子文孙孺子王矣，其勿误于庶狱，惟有司之牧夫。

【译文】

"现在周文王的贤子贤孙，年轻的王啊，千万不要失误去干预刑狱的事，要完全由主管部门去办理。

"其克诘尔戎兵①，以陟禹之迹②，方行天下③，至于海表，罔有不服，以觐文王之耿光④，以扬武王之大烈。

【注释】

①诘：治。戎兵：戎服兵器。

②陟：履，蹈。

③方：通"旁"，遍。

④觐：见。耿：明。

【译文】

"要整治武备，军事力量要能达到禹迹所及之域，遍及天下，直到海边，都没有不臣服于我们的，这才能显现文王的光辉，弘扬武王的丰功伟业。

"呜呼！继自今后王立政，其惟克用常人①。"

【注释】

①常人：吉士贤才。

【译文】

"唉！从今以后的嗣位之王建立政长官员时，必须要用有德行的吉士贤才。"

周公若曰："太史、司寇苏公①，式敬尔由狱②，以长我王国③。兹式有慎④，以列用中罚⑤。"

【注释】

①太史：史官。司寇：负责司法诉讼。苏公：苏忿生。在这里，他兼太史、司寇二职。

②式：用。由：经。

③长：培植，延长。

④兹：这。式：法式。

⑤列：通"例"，按成例。中：适中。

【译文】

周公召苏忿生来这样说道："太史司寇苏公，我敬重你经手的刑狱，那些经验足够裨益我们王国。依你这样的法式谨慎讯讼，按成例给予适中的刑罚。"

顾　命

　　《史记·周本纪》说："成王将崩，惧太子钊之不任，乃命召公、毕公率诸侯以相太子而立之。成王既崩，二公率诸侯，以太子钊见于先王庙，申告以文王、武王之所以为王业之不易，务在节俭，毋多欲，以笃信临之，作《顾命》。"本篇记述周成王病危将死，召集召公、毕公等辅政大臣，吩咐王位继嗣的遗命，成王死后，太子钊依礼即位为康王。篇中详细记载康王庙见受命、继位的典礼仪节陈设，有助于我们对周初礼法的理解，对比后世礼书，更可研讨古礼嬗变的轨迹。

　　此篇全文在西汉伏生《今文尚书》中列第二十四篇，三家弟子今文本为第二十五篇，东汉马融、郑玄古文本割裂《顾命》下半自"王若曰"起为《康王之诰》，列第三十篇，所余上半列为二十九篇。皆属《周书》。东晋伪古文承之，惟向上割自"王出在应门之内"起为《康王之诰》，列全书第五十一篇，所余上半列全书第五十篇。今将《康王之诰》并入《顾命》篇，以恢复其旧貌。

惟四月哉生魄^①，王不怿^②。甲子^③，王乃洮颒水^④，相被冕服^⑤，凭玉几^⑥。乃同召太保奭、芮伯、彤伯、毕公、卫侯、毛公、师氏、虎臣、百尹、御事^⑦。

【注释】

①四月：周公摄政七年还政成王，成王在位二十八年而崩。哉生魄：月初。

②王：周成王。不怿（yì）：又作"不豫"，不安，病不好。

③甲子：不可考。曾运乾《尚书正读》说是"哉生魄"的第二天。

④洮（táo）：洗头发。颒（huì）：洗脸。

⑤相：郑玄说："正王服位之臣，谓太仆。"即负责侍候天子冠服的太仆。被：同"披"。冕：冠。服：衮服，天子的礼服。

⑥凭：依。

⑦太保：官名。奭（shì）：召公名。芮伯、彤伯、毕公、卫侯、毛公：五人都是成王时代重臣或诸侯，与召公共称六卿。师氏：从事征伐的武官。虎臣：平时作为王的警卫，也从事征伐行动。百尹：百官之长。御事：为王室政事服务的近臣。

【译文】

四月初的一天，成王得了重病，很不舒服。甲子那天，王沐发洗脸，由侍候的近臣给他披上衮服，靠在玉几上。

同时又召来了太保召公奭及芮伯、彤伯、毕公和卫侯、毛公，还有武官师氏、虎臣，百官正长以及王室内供奉职务的近臣们。

王曰："呜呼！疾大渐^①，惟几^②，病日臻^③，既弥留^④，恐不获誓言嗣^⑤，兹予审训命汝^⑥。昔君文王、武王，宣重光^⑦，奠丽陈教^⑧，则肄肄不违^⑨，用克达殷^⑩，集大命^⑪。在后之侗^⑫，敬迓天威^⑬，嗣守文武大训，无敢昏逾^⑭。今天降疾，殆弗兴弗悟^⑮，尔尚明时朕言^⑯，用敬保元子钊^⑰，弘济于艰难^⑱，柔远能迩^⑲，安劝小大庶邦，思夫人自乱于威仪^⑳，尔无以钊冒贡于非几^㉑。"

【注释】

① 渐：剧。

② 惟：语助词。几：危。

③ 臻（zhēn）：至。

④ 弥留：临终将死之际。

⑤ 誓：誓命。嗣：嗣子。指康王。

⑥ 审：详。汝：指上文被召集的几位顾命大臣。

⑦ 宣：显。重光：重明。

⑧ 奠：奠定。丽：法则。陈：列。教：教令法则。

⑨ 肄（yì）：劳。

⑩ 达（tà）：挞伐。

⑪ 集：成就。

⑫侗：通"童"，幼稚蒙昧之意。

⑬迓：迎。天威：天命。

⑭昏：混乱。

⑮殆：将。兴：起。悟：觉。

⑯明：通"勉"。时：通"承"，顺承。

⑰元子钊：即太子钊，周成王长子名钊。

⑱弘：大。济：渡过。

⑲柔远能迩：古代成语。安抚绥柔远方的，和谐亲善
　近的。

⑳夫人：那个人。指太子钊。乱：治。

㉑以：使。冒：触。贡：又作"赣"，陷。非几：不善。

【译文】

王说："唉！我的病加重了，病危，快不行了，既是弥留之际，恐怕匆忙间来不及留下关于嗣位之事的遗言，所以现在我详细地训告你们。以前，我们的君主文王、武王，交相辉映，制定法令，颁布德教，勤勉而不敢稍违，因此才能打垮殷国，成就上天的大命。武王死后，我还是一个不成器的嗣子，但我能恭敬地承受天命，继承并遵守文王、武王的伟大德教，不敢昏乱变改。现在上天降下疾病给我，已经没有起色了，神智也快不行了，你们要努力领会我的话，来恭敬地保护我的太子钊，度过这艰难时期，安抚远方，亲善近邻，以此安抚劝导小大众邦，使他自己树立威仪，你们也不要使他陷于不善非礼之地。"

　　兹既受命①，还，出缀衣于庭②。越翼日乙丑③，

王崩。

【注释】

①受命：即授命。

②缀衣：伪《孔传》说："缀衣，幄帐。群臣既退，撤出幄帐于庭。"庭：朝位。

③翼日：通"翌日"，明日，第二天。

【译文】

成王传授诰命之辞后，返回了寝宫，所用的幄帐也撤到了朝位。到第二天乙丑日，成王就逝世了。

太保命仲桓、南宫毛①，俾爰齐侯吕伋②，以二干戈虎贲百人③，逆子钊于南门之外④，延入翼室⑤，恤宅宗⑥。丁卯⑦，命作册度⑧。越七日癸酉，伯相命士须材⑨。

【注释】

①太保：官名。这里指召公奭。仲桓、南宫毛：成王两个大臣名。南宫毛可能是武王时名臣南宫括的后人。

②俾（bǐ）：从。爰：引。齐侯吕伋：姜太公之子，齐国国君。

③二干戈：即仲桓、南宫毛二人所执，负责宫廷戍卫。虎贲：警卫。

④逆：迎。南门：天子有五门，由外至内依次为：皋门、库门、雉门、应门、路门。雉门、库门之间称

外朝，应门以内称内朝；应门、路门之间称治朝，路门以内称燕朝（路寝朝）。这里的南门可能是路寝之门。

⑤延：请。翼：路寝中的一室。

⑥恤宅宗：忧居为丧主。

⑦丁卯：成王死后第三天。

⑧作册：史官的一种。度：事先考虑安排。

⑨伯相：指召公，以西伯兼冢宰之职。命士须材：命令官员们分别负责准备各种应用的器物。

【译文】

太保召公命令仲桓、南宫毛两人，跟随齐侯吕伋，率二干戈及虎贲之士百人，迎接太子钊于南门之外，迎入路寝的东夹室，忧居为丧主，主持大礼。丁卯那天，命令作册预备好册书及典礼程序。过了七天，到癸酉那天，西伯兼冢宰的召公命令群士准备好典礼所需的器物陈设。

狄设黼扆缀衣①，牖间南向②，敷重篾席、黼纯③，华玉仍几④。西序东向⑤，敷重厎席、缀纯⑥，文贝仍几⑦。东序西向，敷重丰席、画纯⑧，雕玉仍几。西夹南向⑨，敷重笋席、玄纷纯⑩，漆仍几。

【注释】

①狄：乐官的一种，职位较低。黼（fǔ）扆（yǐ）：设在门窗之间饰有斧形花纹的屏风。黼，斧纹。扆，门窗之间。缀衣：幄帐。

②牖（yǒu）间：指门窗之间。牖，窗户。

③敷：布置。重：层，天子三重。篾席：竹席。黼纯：
以黑色和白色的丝织品错杂制成席子的花边。纯，
边缘，相当于现在所说的"花边"。

④华玉：五色玉。仍：因。几：几案。

⑤序：堂上的东西墙叫序，东边的叫东序，西边的叫
西序。东向：西墙朝东。

⑥底席：青蒲席。缀纯：以杂彩饰作花边。

⑦文贝：指有花纹的贝壳。文，花纹。

⑧丰席：莞席。莞是一种水草，《广雅》谓之"葱蒲"，
茎圆而中空，故可作席。画纯：五彩色画帛为边缘。

⑨西夹：西堂的夹室。孔疏说："天子之室有左右房，
房即室也。以其夹中央之大室，故谓之夹室。"

⑩笋席：以幼竹青皮织成的席子。玄纷纯：用黑色的
丝带装饰为席子的边缘。

【译文】

由乐官陈设屏风和幄帐，在门窗朝南的方向，铺设三
层黑白纹缯饰花边的篾席，席旁设五色玉装饰的凭几。西
墙朝东的地方，铺设三层杂彩花边的青蒲席，席旁设五彩
贝壳装饰的凭几。东墙朝西的地方，铺设三层五彩画帛为
花边的丰席，席旁设雕玉的凭几。西夹室朝南的地方，铺
设三层黑色丝带为花边的笋席，席旁设有鬃漆的凭几。

越玉五重、陈宝、赤刀、大训、弘璧、琬、琰①，
在西序。大玉、夷玉、天球、河图②，在东序。胤

之舞衣、大贝、鼗鼓③，在西房。兑之戈、和之弓、垂之竹矢，在东房。大辂在宾阶面④，缀辂在阼阶面⑤，先辂在左塾之前⑥，次辂在右塾之前⑦。

【注释】

①越玉：越地所献之玉。五重：五双。陈宝：玉石之名。赤刀：玉刀。大训：刻有古代谟训的玉器。弘璧：大玉璧。琬、琰：玉珪。

②大玉：华山所产可以制磬之玉。夷玉：东夷所贡的美玉。天球：一种璞玉。河图：玉石类宝器。

③胤：人名。相传善于制作舞衣的人。下文的兑、和、垂分别是善于制作戈、弓、竹矢的巧匠。其中，垂也叫"倕"，是战国秦汉间最所称道的古代工艺技术能人。大贝：特大的贝壳。鼗（táo）鼓：大鼓。

④大辂（lù）：即玉辂。辂，也叫"路"，即车。《周礼·巾车》谓王有五辂，"玉辂、金辂、象辂、革辂、木辂"。宾阶：宾客之位，西阶。

⑤缀辂：次于大辂，即金辂。阼（zuò）阶：主人之位，东阶。

⑥先辂：较金辂又次，即象辂。塾：门侧之堂。

⑦次辂：又次于先辂，即木辂。孔疏解释王之五辂此处仅用其四，革辂未用的原因说："木辂之上犹有革辂，《礼》五辂而此四辂，于五之内必将少一，盖以革辂是兵戎之用，于此不必陈之，故不云革辂，而以木辂为次。"

【译文】

越地所产美玉五双，以及名为陈宝、赤刀、大训、弘璧的玉石，还有琬、琰之珪，安放在西墙前；华山所产的大玉、东夷族所贡的夷玉，还有名为天球的璞玉以及河图玉，安放在东墙前。巧匠胤所制的舞衣和一种特大的贝壳以及大鼓，陈设在西房，巧匠兑所制的戈、巧匠和所造的弓、以及名工垂所作的竹矢，陈设在东房。天子的大辂车在宾阶前面，缀辂车在阼阶前面，先辂车在左塾的前面，次辂车在右塾的前面。

二人雀弁①，执惠②，立于毕门之内③；四人綦弁④，执戈上刃⑤，夹两阶戺⑥；一人冕⑦，执刘⑧，立于东堂；一人冕，执钺⑨，立于西堂；一人冕，执戣⑩，立于东垂⑪；一人冕，执瞿⑫，立于西垂；一人冕，执锐⑬，立于侧阶⑭。

【注释】

①雀弁：即"爵弁"，士所冠礼服，其色赤而微黑。弁，帽子。

②惠：刺戟。

③毕门：一说即路门，一说为庙门，结合下文"诸侯出庙门俟"，此毕门或是庙门。

④綦（qí）弁：较爵弁次一等的青黑色礼帽。

⑤戈上刃：钩戟。

⑥夹：站在道路两旁。两阶：即宾阶、阼阶。戺

（shì）：程瑶田《释宫小记》说："阤，谓阶之两旁自堂至庭地斜安一石，拚阶齿而辅之，如今楼梯必有两髀以安步级，俗谓之楼梯腿也。"俞樾《群经平议》从之，其说是也。

⑦冕：比爵弁高一等的礼帽。

⑧刘：斧钺类兵器。

⑨钺：大斧。

⑩瞀（kuí）：三角援戈。

⑪垂：堂的东西两边尽头。

⑫瞿：与"瞀"同为三角援戈。

⑬锐：矛类兵器。

⑭侧阶：曾运乾《尚书正读》说："侧，特也。侧阶，北堂北下阶也。北下阶无东西之别，故云特阶。"本于伪《孔传》及孔疏，今从之。

【译文】

武士二人戴着爵弁，执刺戟，站在庙门之内；武士四人戴着綦弁，执钩戟，分别夹立在阼阶和宾阶这两阶边石的两侧；大夫一人戴冕，手执名为"刘"的斧钺形武器，站在东堂；大夫一人戴冕，执着"钺"这种大斧形武器，站在西堂；大夫一人戴冕，手执戈形武器"瞀"，站在堂东尽头；大夫一人戴冕，也执戈形武器"瞿"，站在堂西尽头；大夫一人戴冕，手执矛类兵器"锐"，站在北面的侧阶。

王麻冕黼裳①，由宾阶隮②。卿士、邦君③，麻冕蚁裳④，入即位。太保、太史、太宗⑤，皆麻冕彤裳⑥。太保承介圭⑦，上宗奉同瑁⑧，由阼阶阶⑨；太史秉书⑩，由宾阶阶，御王册命⑪。

【注释】

①王：指康王。麻冕：麻制的礼帽。黼（fǔ）裳：黑白斧形花纹的礼服。

②宾阶：西阶。阶：升，登。王国维《观堂集林·周书顾命考》说："王由宾阶阶者，未受册，不敢当主位也。"

③卿士：指周王朝的内朝公卿高级官员。邦君：诸侯国君，属外服。

④蚁裳：玄裳。

⑤太宗：即上文宗伯。

⑥彤裳：赤裳。孙诒让《尚书骈枝》说："卿士、邦君无事陪位，则服正齐服玄冕玄裳。……惟太保、太史、太宗以方行册命之盛典，不得不吉服，则玄冕而彤裳，此其义也。"

⑦承：捧着。介圭：伪《孔传》说："大圭，尺二寸，天子守之。故奉以莫康王所位。"

⑧上宗：即太宗，变文言之。同：酒器。瑁（mào）：一种玉器。天子召见诸侯时所用的礼器。此"瑁"字很有可能是后加的，因为《顾命》册命全过程并没有用到。

⑨阼阶：东阶，主阶。王国维《观堂集林·周书顾命

考》说："太保由阼阶者，摄主（注者按：摄成王主位），故由主阶。"

⑩书：策书。王国维《观堂集林·周书顾命考》说："古者命必有辞，辞书于册，谓之命书。"

⑪御：迎。册命：成王的遗命。

【译文】

康王戴了麻制礼帽，穿着黑白两色斧形花纹的丧礼服，由西面的宾阶走上堂。卿士、诸侯戴着麻冕，穿着黑色的丧礼服，入庙各就其位。太保、太史、太宗，都戴着麻制礼帽，穿着红色礼服。太保捧着大圭，太宗捧着酒爵，由东边的阼阶升上堂；太史拿着写有成王遗命的册书，由西边的宾阶升上堂，迎着康王读命书之辞。

曰："皇后凭玉几①，道扬末命②：命汝嗣训③，临君周邦，率循大卞④，燮和天下⑤，用答扬文武之光训。"王再拜，兴⑥，答曰："眇眇予末小子⑦，其能而乱四方⑧，以敬忌天威⑨？"

【注释】

①皇后：指成王。皇，大。后，君。

②道扬：称说。末命：遗命。

③嗣：继，遵循。训：先王遗命。

④率：完全。卞：法度。

⑤燮（xiè）：和。

⑥兴：起。

⑦眇眇：微，小。末：浅薄。小子：康王自称。

⑧其：岂。乱：治。

⑨敬忌：敬畏。

【译文】

册命说："王当日凭玉几，宣布临终之命：命你钊承受文王、武王遗训，即位治理周邦，恭循先王大法，和谐天下，以此报答文王、武王，彰显他们伟大的圣训。"康王再拜，起来回答说："以我的浅薄，岂能治理四方，敬畏天命呢？"

乃受同①，王三宿、三祭、三咤②。上宗曰："飨③。"太保受同，降④，盥⑤，以异同秉璋以酢⑥，授宗人同⑦，拜，王答拜。太保受同，祭、哜、宅⑧，授宗人同，拜，王答拜。太保降⑨，收⑩。诸侯出庙门俟。

【注释】

①乃受同：王国维《观堂集林·周书顾命考》说："受同者王，授之者大宗也。"同，酒器名。

②宿：即"肃"，徐行向前。三宿是从所立处徐行至神处以进爵。祭：洒酒至地。咤（zhà）：祭毕，后退。

③飨（xiǎng）：飨用福酒。

④降：下堂把同放回筐里。

⑤盥（guàn）：洗手。

⑥异同：另外一个酒器。璋：璋瓒，酒器名，为祭祀时大臣所用。酢：酬报答祭之礼。

⑦宗人：即太宗，上宗。

⑧啐（jì）：尝，以酒入口至齿。宅：同"咤"。

⑨降：下阶。王国维《观堂集林·周书顾命考》说："案此云大保降，知大保自酢在堂上也，不言王与太宗、太史降者，略也。"

⑩收：撤，礼毕而撤收祭物。

【译文】

于是康王接受了太宗所献的酒爵，缓缓行进三次至神所进爵，接着洒酒于地行祭礼三次，祭完后退三次。太宗说："请飨用福酒。"王喝酒后，将酒爵授太保，太保接受酒爵后，走下堂，把奠爵放于筐中，洗手，取另一酒爵，持璋瓒为勺，酙酒以为酬酢报祭之礼。然后将酒爵给太宗，下拜行礼，康王答拜。太保又从太宗手中接受酒爵，祭酒，浅尝，后退，将酒爵给太宗，下拜行礼，康王又行礼答拜。太保下堂，诸执事官撤收诸礼器，典礼毕。诸侯走出庙门，等候拜见新君康王。

王出，在应门之内①。太保率西方诸侯入应门左，毕公率东方诸侯入应门右，皆布乘黄朱②。宾称奉圭兼币③，曰："一二臣卫④，敢执壤奠⑤。"皆再拜稽首。王义嗣德，答拜⑥。

【注释】

①应门：应门为王朝正门，也叫朝门，其门内即为治朝，亦称正朝。

②布乘：《白虎通·绋冕》篇作"黻黼"，盖古音通假，诸侯朝服。黄朱：蔽膝，黄朱言其色。

③宾：通"傧"。称：告。天子见诸侯，皆傧者传辞。奉：献。币：玉帛之礼。

④臣卫：诸侯自称。

⑤壤：封土（所出特产）。奠：贡献。

⑥王义嗣德，答拜：康王真正即位了，已有资格答拜，礼义上也应该答拜，这样来表示自己已嗣位为王。

【译文】

康王走出祖庙，来到应门之内。太保召公率领西方诸侯入应门，立于左侧，毕公率东方诸侯入应门，立于右侧，这些诸侯都穿着黼黻衣、黄朱色蔽膝。傧相谒者传令诸侯按享礼敬奉圭、币，并传辞说："我们这些守卫之臣，各自将封地内土产作为贽见之礼。"诸侯们再次行跪拜礼。康王以新嗣位者身份，依礼答拜。

太保暨芮伯咸进相揖①，皆再拜稽首，曰："敢敬告天子，皇天改大邦殷之命，惟周文武诞受羑若②，克恤西土③。惟新陟王毕协赏罚④，戡定厥功⑤，用敷遗后人休⑥。今王敬之哉！张皇六师⑦，无坏我高祖寡命⑧。"

【注释】

①暨：和。咸：都。

②诞：大。羑（yōu）：《说文》："进善也。"可理解为

诱导。若：善。

③克：能。恤：忧。

④新陟王：指成王。陟，升（天）。毕：尽。协：合理。

⑤戡：克。厥：其。

⑥敷：布，普。休：美。

⑦张皇：整顿，弘扬。六师：周代天子有宗周六师，
　　驻镐京。另有成周八师，驻洛邑。均由周天子直辖。
　　旧说二千五百人为一师，则六师为一万五千人。

⑧高祖：文王或文王以上诸王。寡命：大命。

【译文】

　　太保和芮伯同时上前，互相作揖施礼，都再次对王行
跪拜叩头礼，他们说："敬告天子，老天更改了殷邦大命，
由我周文王、武王承受了日进于善的美命，能安恤治理好
了西土。而新升天的成王赏罚公正严明，能成就伟业，广
布幸福给子孙后代。现在我王要特别谨慎啊！要整顿好宗
周六师，弘扬我王家军威，不要毁了我周代先祖的大命。"

　　王若曰①："庶邦侯甸男卫②，惟予一人钊报诰③，
昔君文、武④，丕平富⑤，不务咎⑥，底至齐信⑦，用
昭明于天下⑧。则亦有熊罴之士，不二心之臣，保
乂王家，用端命于上帝⑨。皇天用训厥道，付畀四
方⑩，乃命建侯树屏⑪，在我后之人⑫。今予一二伯
父⑬，尚胥暨顾绥尔先公之臣服于先王⑭。虽尔身在
外，乃心罔不在王室。用奉恤厥若⑮，无遗鞠子羞⑯。"

【注释】

①王若曰：王这样说。此是史臣所记之辞。

②庶邦：众邦。

③予一人：康王自称。报：答。

④君：君王。

⑤丕：斯。平：遍。富：福善美备。

⑥务：求。咎：灾。

⑦厎：至。齐：适中。

⑧用：因。

⑨端：始。

⑩畀：给。

⑪建侯：分封诸侯。树：立。屏：屏障。

⑫在：顾。

⑬伯父：孔疏引《仪礼·觐礼》天子呼诸侯之礼云：
　　"同姓大国则曰伯父，其异姓则曰伯舅；同姓小邦
　　则曰叔父，其异姓则曰叔舅。"

⑭尚：还。胥：相互。暨：和。顾：念。绥：通"绥
　　（ruí）"，继。

⑮奉：助。恤：勤劳，忧恤。厥若：古成语。指示代
　　词，这里指周王室。

⑯鞠子：幼子。康王自称。

【译文】

　　康王这样说："诸位封国的侯甸男卫各级诸侯们，我姬
钊将答以诰辞。从前我们的国君文王、武王治国太平，万
民富有，杜绝罪恶之事，做到公平诚信，圣德昭明于天下。

所以有熊罴般的勇士和忠贞不贰的贤臣，共保王家，才从天帝那始获天命。老天因此承顺我文王、武王之命，付与天下四方，先王命令分封诸侯，树立藩屏，眷顾我们后嗣子孙。现在我们各伯父辈的诸侯大国，还当相互眷念，像你们先公臣服我先王一样。虽然你们身处外地为诸侯，但你们的心应无不眷念我王室。要辅助、勤恤王室，不要使我这稚子负羞于先王。"

群公既皆听命，相揖趋出。王释冕①，反丧服②。

【注释】

①释冕：脱去即位典礼所穿戴的礼帽。

②反丧服：重新穿上丧服，回到守丧之处。反，同"返"。

【译文】

群臣诸侯听完康王诰命，相互作揖施礼而退，快步出应门之外。康王脱去吉服礼帽，返回侧室守丧，重新穿起丧服。

吕　刑

　　《史记·周本纪》载："甫侯言于王，作修刑辟。"据此，旧说多以为本篇乃吕侯（即"甫侯"）受命于周穆王而作。因此，篇首"惟吕命王享国百年"也当于"命"字读断，释为"吕侯受命辅佐穆王"之意。刘起釪先生《尚书校释译论·吕刑》在傅斯年先生考证的基础上，断言："此篇内容与周穆王毫无关系，故先秦文献中所引《吕刑》（或《甫刑》）共达十六次，无一次涉及周穆王，及至汉代，始盛称《吕刑》为周穆王之文，这是毫无根据的。"今从刘说及其断句。

　　本篇的取材很大部分来源于神话传说，叙述了蚩尤及其后裔三苗的恶行，回忆了从"民神杂糅"到"绝地天通"的社会变化。最著名的还是篇中的法律思想。《吕刑》提出中国古代自成体系的刑法纲领和"祥刑"思想。本篇在先秦文献中或称引作《甫刑》，是研究西周时期法律制度、法律思想的重要文献。

惟吕命王享国百年①，耄②，荒度作《刑》以诘四方③。

【注释】

①惟：语助词。吕：吕国，原是姜姓的一支，灭商后封于吕地，即今河南南阳一带。命王：英明之王，受命之王。命是赞美之辞。

②耄（mào）：年老。

③荒：大。度：考虑。诘：禁。

【译文】

我吕国圣明的君主享国已达百年了，年纪老了，又用宽容大度的精神制定《刑》书，使四方有所禁令而严格遵行。

王曰①："若古有训：蚩尤惟始作乱②，延及于平民，罔不寇贼、鸱义、奸宄、夺攘、矫虔③。苗民弗用灵④，制以刑，惟作五虐之刑曰法⑤。杀戮无辜，爰始淫为劓、刵、椓、黥⑥，越兹丽刑⑦，并制罔差有辞⑧。民兴胥渐⑨，泯泯棼棼⑩，罔中于信⑪，以覆诅盟⑫。虐威庶戮方告无辜于上⑬。上帝监民⑭，罔有馨香德刑⑮，发闻惟腥。

【注释】

①王曰：此史臣记吕王说。

②蚩尤：神话传说中的人物，东夷部落的首领，与黄

帝在中原发生阪泉之战被打败。在舜、禹时代，蚩尤部落与舜、禹也曾发生过冲突。

③寇：攻击。贼：杀人。鸱：鸱枭，一种恶鸟。义：通"俄"，倾邪。奸宄：泛指作奸犯科。夺：强取。攘：窃取。矫：诈取。虔：强取。

④苗：苗族，九黎之后，与黄河流域各部落一直斗争。灵：善。

⑤虐：杀。

⑥爰：句首语助词。淫：过度。劓（yì）：割鼻，五刑之一。刵（èr）：断耳，五刑之一。椓（zhuó）：宫刑，五刑之一。黥（qíng）：在脸上刺字，染上黑色，即墨刑，亦五刑之一。

⑦越兹：于是。丽：施。

⑧并制罔差有辞：孙星衍《尚书今古文注疏》说："制作五虐之法，无有差减，亦无罪状谳，其可轻可缓，刻深之至。"罔，无。差，差等。辞，罪状。

⑨兴：起。胥：相互。渐（jiān）：欺诈。

⑩泯泯棼棼：纷乱的样子。

⑪罔：无。中：通"忠"。

⑫覆：败。诅盟：盟誓。

⑬方：通"旁"，普。上：上帝。

⑭监：视。

⑮刑：法。

【译文】

王说："古时候有过教训：那时蚩尤肆行作乱，恶习扩及平民百姓，人们互相攻击抢劫，谋财害命，邪恶不堪，作奸犯科，巧取豪夺，无恶不作。苗民不行善道，就制订刑法惩处他们，创了五种酷刑作为法律。渐渐滥杀到无辜，开始造了截鼻、断耳、宫刑、黥面等酷刑，不问是非及具体案情罪状，一律大肆刑戮。从而使苗民中兴起欺诈手段，社会混乱不堪，没有公平和信义之称，经常违背誓约。刑罚的酷虐，使很多庶民遭到冤害，他们只好把冤气申述到天帝那里。天帝观察民情，发现根本没有德行的馨香，只有刑戮的腥臭。

"皇帝哀矜庶戮之不辜①，报虐以威，遏绝苗民，无世在下②。乃命重黎绝地天通③，罔有降格④。群后之逮在下⑤，明明棐常⑥，鳏寡无盖⑦。

【注释】

①皇帝：即上帝。皇，大。

②世：嗣。下：人世。

③乃命重黎绝地天通：《国语·楚语》云："昭王问于观射父曰：'《周书》所谓重黎实使天地不通者，何也？若无然，民将能登天乎？'对曰：'非此谓之也。古者民神不杂……各司其序，不相乱也。民是以能有忠信，神是以能有明德。民神异业，敬而不渎，故神降之嘉生，民以物享，祸灾不至，求用不匮。及少昊之衰也，九黎乱德，民神杂糅，不可方物，夫人作享，家为巫史，无有要质。民匮于祀

而不知其福，烝享无度，民神同位。民渎齐盟，无有严威，神狎民则，不蠲其为。嘉生不降，无物以享。祸灾荐臻，莫尽其气。颛顼受之，乃命南正重司天以属神，命火正黎司地以属民。使复旧常，无相侵渎，是谓‘绝地天通’。其后三苗复九黎之德，尧复育重黎之后，不忘旧者，使复典之。以至于夏商，故重黎氏世叙天地，而别其分主者也。”“重黎”也叫祝融，是芈姓楚民族的宗神，但在此引《国语》中已分作两人，可见是神话人物在不同传说记载中的分化。绝地天通，不让民众与天直接沟通，而由神祀人员代替。

④格：升。

⑤群后：诸侯。

⑥明：通“勉”。棐：通“匪”，非。

⑦盖：通“害”，危害。

【译文】

“天帝哀怜无罪而被刑戮的广大百姓，对那些肆行酷刑的人给予了威严的惩处，灭绝了那些作乱的苗人，不让他们有后代留在人间。天帝于是命令重黎严分民、神事务，禁止民神杂糅的巫术，断绝了地下庶民与上天直接沟通的旧习，民众与上天再也不能交往。后来继位的君王们，都努力遵守明德，不复如往日肆行非理，鳏寡无告的小民也不再受到伤害了。

“皇帝清问下民①，鳏寡有辞于苗②，德威惟畏，德明惟明③。乃命三后恤功于民④：伯夷降典⑤，折民惟刑⑥；禹平水土，主名山川⑦；稷降播种⑧，农殖嘉谷⑨。三后成功，惟殷于民⑩。爰制百姓于刑之中⑪，以教祗德⑫。

【注释】

①清问：即"问"。

②有辞：有怨恨。

③德威惟畏，德明惟明：蔡沈《书集传》说："苗以虐为威，以察为明，帝反其道，以德威而天下无不畏，以德明而天下无不明也。"

④三后：指下文的伯夷、禹、稷。恤：忧勤。

⑤伯夷：姜姓族的始祖神。降：立下。典：典礼。

⑥折：制。

⑦主名山川：为山川神主。

⑧稷：后稷。

⑨农：勉。殖：种植。嘉：美。

⑩殷：大，远，盛。

⑪制：制御，治理。

⑫祗：敬。

【译文】

"天帝询问了天下民众，连鳏寡小民都仍在埋怨苗民酷刑之害，于是天帝以德行威，使万民无不畏服；又以德施明，使万民远离幽枉。天帝命令三位方国君主下到人间，抚恤民众，建立功业：伯夷制定法典，凭刑法治理百姓；

大禹平治水土，为山川的神主；后稷教民播种，勉力种植庄稼。三位君主大功告成，给予民众的好处又大又长远。以后，治理百姓只用适中的刑罚，来教育百姓敬行德教。

　　"穆穆在上①，明明在下②，灼于四方③，罔不惟德之勤。故乃明于刑之中④，率乂于民棐彝⑤。典狱⑥，非讫于威⑦，惟讫于富。敬忌⑧，罔有择言在身⑨。惟克天德⑩，自作元命⑪，配享在下⑫。"

【注释】

①穆穆：和敬的样子。指天子。

②明明：光辉的样子。指臣民。

③灼：彰显，发越。

④刑之中：用刑适中。

⑤率：语助词。棐：通"匪"，非。彝：法。

⑥典狱：主持刑狱。

⑦讫（qì）：止。

⑧忌：戒。

⑨择：通"致"，败。

⑩惟：只。克：肩负。天德：犹言"帝德"，上天所立的道德。陈经《尚书详解》说："天德无私，威福之事绝于外，敬忌之心存乎中，此无私之天德也。死生寿夭之命，乃天以制斯人者，今典狱者德与天一，则制生人之大命，岂非在下而与天配合乎？"

⑪元命：大命。

⑫配享：配合天命而享其禄位。

【译文】

"那个时候，君主秉持着美好的品德在上，群臣努力明察、建立事功在下，政治清明，光辉普照四方，没有人不勤于德行了。所以用刑适中，为的是引导治理百姓远离非法活动。掌刑狱的士师，也不应以立威为目标，而应该为民造福。要时刻敬畏戒惧，远离恶言。如此才能肩负老天赐予的大德，才是自己成就大命，可以配享天禄。"

王曰："嗟！四方司政典狱①，非尔惟作天牧②？今尔何监③？非时伯夷播刑之迪④？其今尔何惩⑤？惟时苗民匪察于狱之丽⑥。罔择吉人⑦，观于五刑之中⑧，惟时庶威夺货⑨，断制五刑以乱无辜⑩。上帝不蠲⑪，降咎于苗，苗民无辞于罚，乃绝厥世。"

【注释】

①四方司政典狱：指主持刑狱的官员。

②牧：治理（民众）。

③监：通"鉴"，借鉴，取法。

④时：通"是"。迪：用。

⑤惩：鉴戒。

⑥匪：不。丽：施。

⑦吉人：善人。

⑧观：视事。中：中正。

⑨惟时：只是。庶威：盛为威虐的人。夺货：强取财货。

⑩断制五刑：割断、摧折等用强力破坏五刑。五刑，
墨、劓、剕、宫、大辟五刑，见下文。

⑪蠲（juān）：除，引申为赦免。

【译文】

王说："唉！执掌刑狱的四方各级官员们，你们不是身
负重任为天治民吗？那么现在你们要效法谁呢？难道不是
伯夷所宣扬传播的刑法吗？现在你们要何所鉴戒呢？只是
苗民不察刑狱而滥用刑罚。由于不能选择善人，管理考察
五刑是否公正，导致权贵以威势行贿乱政，破坏五刑条律
以乱伤无辜。天帝不能赦免他们，给苗民降下灾祸，苗民
无话可说，只得承受，于是他们的世系就被断绝了。"

王曰："呜呼！念之哉！伯父、伯兄、仲叔、季
弟、幼子、童孙①，皆听朕言，庶有格命②。今尔罔
不由慰日勤，尔罔或戒不勤。天齐于民③，俾我一
日④。非终惟终，在人⑤。尔尚敬逆天命⑥，以奉我
一人。虽畏勿畏，虽休勿休⑦，惟敬五刑，以成三
德⑧。一人有庆⑨，兆民赖之⑩，其宁惟永。"

【注释】

①伯父、伯兄、仲叔、季弟、幼子、童孙：蔡沈《书
集传》说："此告同姓诸侯也。"

②庶：庶几。格命：吉祥美善之事。

③齐：整齐。

④俾（bǐ）：使。

⑤非终惟终，在人：曾运乾《尚书正读》说："'非终'，如《康诰》言：'乃有大罪，非终，乃惟眚灾，适尔。''惟终'，如《康诰》言：'人有小罪，非眚，乃惟终，自作不典，式尔。'文言民有过恶，天欲整齐之，俾我一日司其柄，我不可以私意参与其间。'眚灾肆赦'、'怙终贼刑'，亦在人之本身而已。"

⑥逆：迎。

⑦虽畏勿畏，虽休勿休：曾运乾说："'虽畏勿畏'，不畏高明也。'休'，喜也。'虽休勿休'，得其情，哀矜勿喜也。"

⑧三德：即《洪范》篇所谓正直、刚克、柔克。

⑨一人：君王自称。庆：善。

⑩兆民：广大臣民。赖：利。

【译文】

王说："啊！记住这个教训吧！我的叔伯、兄弟、子孙们，都要听从我的话，这样就会有吉祥美善的命运。现在你们无不是因为我的宽慰和勉励，而日益勤奋于政务，你们也没有不警戒自己勤于职守的。民众有罪行，老天要处理，使我掌管了这大权。人有犯大罪的，但不是有意，属于'非终'之列，人有犯小罪的，但属于蓄意犯罪而且死不改悔，则属于'惟终'之列，这些判定全在于所犯的情况。你们要敬迎天命，拥戴我的治理。处理五刑之政时，要不畏权威，治狱审讯到真情要懂得哀矜，不要顾着欢喜。要谨敬于五刑之用，以成刚、柔、中正之德。君王一人有可庆的善政，万民都会赖以得到福音，天下就能长久安宁了。"

王曰："吁^①！来，有邦有土^②，告尔祥刑^③。在今尔安百姓，何择非人，何敬非刑，何度非及^④？

【注释】

①吁：叹词。

②有邦有土：曾运乾《尚书正读》说："有邦者，畿外诸侯。有土者，畿内有采邑之臣。"是也。

③祥刑：善刑。不滥用而强调德教为主，故称善。

④度：谋。及：赶上（古代圣人伯夷、禹、稷的道德）。

【译文】

王说："唉！来，各级诸侯长官们，我把少用惩罚、注重德教的祥刑制度详细告诉你们。现在你们安抚天下民众，要选择什么？难道不是贤人吗？要谨慎对待什么？难道不是刑法吗？要思考什么？难道不是要追及古圣先王伯夷、禹、稷的治道吗？

"两造具备^①，师听五辞^②；五辞简孚^③，正于五刑^④。五刑不简^⑤，正于五罚^⑥。五罚不服，正于五过^⑦。五过之疵^⑧，惟官、惟反、惟内、惟货、惟来^⑨。其罪惟均^⑩，其审克之^⑪。

【注释】

①两造：诉讼双方。

②师：士师，即刑官。五辞：五刑相关的供辞。

③简：检核。孚：信。

④正：定。

⑤不简：供辞与所察情形不一致，是为疑罪不定。

⑥罚：赎。

⑦五罚不服，正于五过：孔疏说："欲令赎罪，而其人不服，狱官重加简核，无复疑似之状，本情非罪，不可强遣出金，如是者则正之于五过，虽事涉疑似，有罪乃是过失，过则可原，故从赦免。"

⑧疵：弊病。

⑨官：依仗威势。反：不顾案情，随意抗上。内：内亲妻室说情，后世所谓裙带风。货：贿赂。来：靠关系请托。

⑩其：指犯有"五过之疵"的刑官。均：等。

⑪克：核实。

【译文】

"诉讼双方都到场了，法官们共听狱讼中相关口供；经考察核实，就按五刑定罪。如果因犯经过覆审不合所考察结果，属于情状不定，不再处以五刑，而应定从五罚，让罪犯出罚金赎罪。如果定了五罚而罪犯依然不服，要再加审核，如果发现处罚与过失不相应，就改按五种过失处理，可赦免他的罪。但在审理五过中往往发生五种弊病，一是高官利用权势，不公正审判；二是不顾案情，随意破坏审判；三是内亲妻室说情改变审判；四是行贿受贿，贪赃枉法，混乱审判；五是私情请托，干扰审判。法官有上述弊端的，其罪与犯法者等同，要详加审核。

"五刑之疑有赦①；五罚之疑有赦②。其审克之。简孚有众，惟貌有稽③。无简不听④。具严天威⑤。

【注释】

①五刑之疑有赦：所定五刑情有可疑，就应该直接赦免。与上文"五刑不简，正于五罚"有微别。

②五罚之疑有赦：所定五罚情有可疑，也应该直接赦免。与上文"五罚不服，正于五过"有微别。

③貌：微细之处。稽：考察。

④听：听受。

⑤具：共。严：谨敬。

【译文】

"如果发现所判五刑情有可疑，可以直接赦免；同样，发现所定五罚情有可疑，也要赦免。这都必须详加审核。罪状经审核，有多人证实，还要对细微之处详加稽察，此时可判定刑罚。如果案情无从核实，则不必受理。刑狱之事要审慎，乃是由于天威可畏，必须谨慎尊敬。

"墨辟疑赦①，其罚百锾②，阅实其罪③。劓辟疑赦，其罚惟倍④，阅实其罪。剕辟疑赦⑤，其罚倍差⑥，阅实其罪。宫辟疑赦，其罚六百锾，阅实其罪。大辟疑赦，其罚千锾，阅实其罪。

【注释】

①墨：墨刑，刻面并用墨水染黑。辟：罪。疑赦：罪

有可疑而不能定，就赦免。

②锾（yuán）：古代货币单位。

③阅：检阅。

④其罚惟倍：劓刑较上墨刑罚金加倍，即二百锾。

⑤剕（fèi）：断足。

⑥倍差：是劓刑的一倍半，即五百锾。

【译文】

"犯了墨刑的如果案情有疑问，可从轻改判罚金一百锾，但一定要经再度核实。犯了劓刑的如果案情有疑问，减等改判罚金二百锾，也一定要经再度核实。判了剕刑的如果案情有疑问，减等改判罚金五百锾，也一定要经再度核实。判了宫刑的如果案情有疑问，减等改判罚金六百锾，也一定要经再度核实。判了死刑的如果案情有疑问，减等改判罚金一千锾，也一定要经再度核实。

"墨罚之属千①，劓罚之属千，剕罚之属五百，宫罚之属三百，大辟之罚其属二百，五刑之属三千②。

【注释】

①属：类，条款。

②五刑之属三千：《周礼》成于《吕刑》之后，其《秋官·司刑》载："掌五刑之法，以丽万民之罪。墨罪五百，劓罪五百，宫罪五百，刖罪五百，杀罪五百。"合为二千五百条。重罪加多而轻罪减少。

【译文】

"关于墨刑处罚的条款有一千条,劓刑的也有一千条,剕刑的五百条,宫刑的三百条,死刑的二百条,五刑加起来共三千条。

"上下比罪①,无僭乱辞②,勿用不行③,惟察惟法,其审克之。上刑适轻下服④,下刑适重上服。轻重诸罚有权。刑罚世轻世重⑤,惟齐非齐⑥,有伦有要⑦。

【注释】

①上下比罪:罪行无专属时,可上比重罪,下比轻罪来确定罪行。孙星衍《尚书今古文注疏》说:"言上下之罪,律有成事,及条目所无,比附而行之,勿增其条于三千之外。"

②僭:差错。

③不行:不当行之理。

④上刑:重刑。适:宜。下服:以轻刑处置。

⑤世:时。

⑥齐非齐:江声《尚书集注音疏》说:"上刑适轻,下刑适重,非齐也。轻重有权,随此制宜,齐非齐也。"

⑦伦:道理。要:纲要。

【译文】

"刑律条款上没有的罪,可上比重罪,下比轻罪,加以确定，但不得出现差错，不要用不当行之理而成狱，只当察其情状而遵用刑法，且要详加审核。如果犯了重刑，宜于从轻发落的，用轻刑处罚，犯的轻罪，但情节恶劣宜从重发落的，用重刑处罚。量刑行罚，可以灵活掌握。刑罚也要因时制宜，或轻或重，根据实际情况作出调整，自会有道理，有纲要。

"罚惩非死，人极于病①。非佞折狱②，惟良折狱③，罔非在中。察辞于差④，非从惟从⑤，哀敬折狱。明启刑书胥占⑥，咸庶中正⑦。其刑其罚，其审克之，狱成而孚⑧。输而孚⑨。其刑上备，有并两刑⑩。"

【注释】

①罚惩非死，人极于病：蔡沈《书集传》说："罚以惩过，虽非致人于死，然民重出赎，亦甚病矣。"极，困厄。病，痛苦。

②佞（nìng）：指巧言之人。

③良：善。

④差：供辞中参差矛盾的地方。

⑤非从惟从：江声《尚书集注音疏》说："囚证之辞或有参差，听狱者于其参差察以求其情。既得其情，非从其辞，惟从其辞。"

⑥启：开。胥：相互。占：揣度。

⑦咸：皆。中正：正确。

⑧狱成：判定狱讼。孚：信。

⑨输：王引之《经义述闻》说："'成'与'输'相对为文，'输'之言'渝'也，谓变更也。……狱词或有不实，又察其曲直而变更之，后世所谓平反也。狱辞足而人信之，其有变更而人亦信之，所谓民自以为不冤也。"可从。

⑩其刑上备，有并两刑：曾运乾《尚书正读》说："其刑上备者，轻重同犯，以轻罪并入重罪，不复科其轻。有并两刑者，两罪俱发，则但科以一罪，不复责其余，皆取宽厚之意也。"

【译文】

"实行罚金赎罪，虽然可以使犯者免死，但其被罚后所受痛苦也非常大。断狱不要凭巧言善辩，而要靠善良公正，才能合于中道，准确无误。供辞常有矛盾之处，要善于从中察其虚实，才能获得真实案情，所以原则上不是听从口供，而是核查实情。要怀着哀怜之心来主持刑狱，当场打开刑书，与众人一起斟酌，取得狱官们的一致见解，这样才可能获得准确的判决。所判五刑、五罚，都必须详加审核再加定夺，判定狱讼才能使人信服。狱辞如有不实，更要察实内情加以变更，也一定要使人信服。如果有人轻罪、重罪并犯，则并轻罪入重罪，按重罪惩罚；如果犯有两种同样轻重的罪，只按其中一种惩处。"

王曰："呜呼！敬之哉！官伯族姓①，朕言多惧②。朕敬于刑，有德惟刑。今天相民③，作配在下④，明清于单辞⑤。民之乱⑥，罔不中听狱之两辞⑦，无或私家于狱之两辞⑧。狱货非宝⑨，惟府辜功⑩，报以庶尤⑪。永畏惟罚，非天不中⑫，惟人在命⑬。天罚不极⑭，庶民罔有令政在于天下⑮。"

【注释】

①官伯：主管政事、执掌刑狱的官员。族姓：即上文所呼"伯父、伯兄、仲叔、季弟、幼子、童孙"等同族。

②惧：戒惧。

③相：助，治。

④作：为。配：这里指君王上配天帝。

⑤明清：明察。单辞：一面之辞。

⑥乱：治。

⑦中听：中立，不偏听一面之辞。两辞：诉讼双方的供辞。

⑧私：私利。

⑨狱货：审理诉讼时接受的贿赂赃物。

⑩府：聚集。辜功：罪行。

⑪报：报应。庶：众。尤：罪过，祸害。

⑫中：公平。

⑬在命：自终其命。在，终。

⑭极：极致。

⑮令政：善政。

【译文】

王说："啊！要谨慎对待刑狱呀！各级主管政务执掌刑

狱的官员们和我的叔伯、兄弟、子孙们，我的话很多值得戒惧。我谨慎对待刑狱之事，施行德政离不开善用刑法。现在上天要治理民众，在人间设立君王以承配天意，听讼办案时要明察一面之辞，不可偏听偏信。民众得到治理，都是因为狱官们的公正不偏、善察讼辞，不可以因为私利而偏袒诉讼的任何一方。办案时收受贿赂，得到财货，那些根本就不是宝，只是在聚集罪证，会得到无数的恶报。要永远畏惧这种惩罚，天道中正无偏，都是人们自绝其命。如果上天对赃吏不加以严惩，天下百姓就享受不到善政了。"

王曰："呜呼！嗣孙，今往何监非德于民之中①？尚明听之哉！哲人惟刑②，无疆之辞③，属于五极④，咸中有庆⑤。受王嘉师⑥，监于兹祥刑⑦。"

【注释】

①今往：从今往后。监：临下。非德：不应该是德治吗。中：中正，公平。

②哲：王引之《经义述闻》说："当读为'折'，折之言，制也。'折人惟刑'，言制人民者惟刑也。"

③无疆：无穷无尽。

④五极：五刑的标准。

⑤咸：皆。中：指狱讼的处置公平适当。庆：福泽。

⑥嘉师：美好的训导。旧说释为"众善"，今不从。

⑦监：视，遵循。

【译文】

王说："啊！继嗣的子孙们，从今往后，你们怎样临下治民呢？难道不是靠德政使百姓得到公平吗？好好听清楚呀！治理民众要依赖刑法，要处理无穷无尽的讼辞，要仔细明察，使一一合于五刑的标准，都要处置适中，这样才值得欢庆。要接受听从美好的训导，遵循善德之刑的原则。"

文侯之命

　　本篇的性质、内容历来有两说，其一据《史记·晋世家》及《周本纪》所载晋文公助周襄王（前651—前619）平定叛乱而得封赐，认为本篇乃襄王命晋文公为侯伯的命书。另一说据《书序》"平王锡晋文侯秬鬯、圭瓒，作《文侯之命》"等认为本篇乃周平王（前770—前720）命晋文侯为侯伯的命书。当今大部分学者都从第二说，认为本篇作于春秋初期周平王时。

王若曰①："父义和②！丕显文武③，克慎明德，昭升于上④，敷闻在下⑤。惟时上帝⑥，集厥命于文王。亦惟先正⑦，克左右昭事厥辟⑧，越小大谋猷罔不率从⑨，肆先祖怀在位⑩。

【注释】

①王：指周平王。

②父：伯父，周天子对上辈姬姓诸侯的尊称。义和：文侯的字。

③丕：大。显：显耀。

④昭：明。上：上天。

⑤敷：布。闻：声望。下：下民，百姓。

⑥惟时：于是。

⑦先正：先臣，公卿大夫。

⑧昭：通"绍"，助。厥：其。辟：君王。

⑨越：于。猷：谋。率：循。

⑩肆：故，所以。怀：安。

【译文】

周平王这样说道："义和伯父啊！伟大光辉的文王、武王，能够兢兢业业昭明大德，因此，他们的圣德显赫地升到上天，声望广布在臣民当中。于是天帝把天命降给了文王、武王。也因为此前的贤臣大夫们能左右辅弼，对先王的大小谋划无不一致遵从，所以先祖才能够安居在位。

"呜呼！闵予小子嗣①，造天丕愆②，殄资泽于下民③，侵戎我国家纯④。即我御事⑤，罔或耆寿俊在厥服⑥，予则罔克。曰惟祖惟父，其伊恤朕躬⑦。呜呼！有绩予一人永绥在位⑧。

【注释】

①闵：哀伤。予小子：平王自称。嗣：继位。

②造：遭。丕：大。愍：灾祸。指西周灭亡，平王被迫东迁洛邑。可参《史记·周本纪》所载。

③殄（tiǎn）：绝。资：财货。泽：禄命。

④侵戎：外寇侵害的兵祸。纯：大。

⑤御事：治事之臣。

⑥罔：无。或：有。耆：年老。俊：孙诒让《尚书骈枝》说："当读为'骏'，《尔雅·释诂》云：'骏，长也。'言我御事无有耆寿能长在其位者也。"

⑦伊：维。恤：忧。

⑧绩：功绩。绥：安。

【译文】

"唉呀！不幸等我继承王位时，遭到了老天降下的大灾祸，断绝了先祖遗留给下民的财货禄位，蒙受了外寇侵害的兵戎之难。在我身边的臣僚，没有老成耆宿在位，我真是无能为力。只是依靠着我祖辈、父辈的诸侯大臣们忧念和关心。唉！只要有了功绩，就能使我寡人永远安居在位。

"父义和！汝克昭乃显祖①，汝肇刑文武②，用会绍乃辟③，追孝于前文人④。汝多修⑤，捍我于艰，若汝予嘉⑥。”

【注释】

①昭：发扬光大。显：光荣。祖：指晋始封之君唐叔。

②肇：始。刑：通“型”，效法。

③用：以。绍：继承。辟：君王。指周平王。《竹书纪年》载：“平王元年，王东迁洛邑，晋侯会卫侯、郑伯、秦伯以师从王入于成周。”

④追孝：杨筠如《尚书覈诂》说：“追孝，古成语。《祭统》：‘祭者所以追养继孝也。’是追孝之本义。引申为能继前人之志之意。”其说极是。文人：周人对前代之王的美称。

⑤多：战功。见《周礼·司勋》。修：善，美好。

⑥嘉：嘉奖。

【译文】

“义和伯父啊！您能发扬光大您光荣的先祖唐叔的功业，又开始效法文王和武王，会合这两德来辅助您的君主，以此继承先祖之志。您战功卓著，在我困难时期保卫了我，像您这样的功勋，我要嘉奖。”

王曰：“父义和！其归视尔师①，宁尔邦②。用赉尔秬鬯一卣③，彤弓一④，彤矢百，卢弓一⑤，卢矢百，马四匹。父往哉！柔远能迩⑥，惠康小民，无荒宁⑦。简恤尔都⑧，用成尔显德。”

【注释】

①其：副词，表希望。归：返回晋国都城。视：视察，整顿。师：军队。

②宁：安。

③赉（lài）：赏赐。秬（jù）鬯（chàng）：祭祀用的香酒。秬，黑黍。鬯，香酒。卣（yǒu）：古代的一种酒器。

④彤：赤，红。

⑤卢：黑。

⑥柔远能迩：周初以来文诰常用语，意为安抚绥柔远方的，和谐亲善近处的。

⑦荒：荒诞。宁：安逸。

⑧简恤：苏轼《东坡书传》说："简阅其士，惠恤其民。"可从。

【译文】

王说："义和伯父啊！回去整饬您的部队，安定您的邦国上下。现在赏赐给您祭祀所用的香酒一卣，红色的弓一张，红色的箭一百支，黑色的弓一张，黑色的箭一百支，马四匹。伯父，您回去吧！安抚远方，亲善近邻，造福百姓，不要荒废政事，贪图安逸。检阅您的士众，惠爱您的百姓，成就您显赫的德业。"

费　誓

　　费（bì）：古地名，在今山东费县西北。《费誓》，是鲁国国君征讨淮夷、徐戎的誓师词。《史记·鲁周公世家》作《肸（xī）誓》，《尚书大传》称《鲜誓》，西汉欧阳、大小夏侯三家今文本及东汉马、郑古文本皆作《粊誓》。东晋伪《古文尚书》传至唐代始由卫包改作《费誓》。本篇制作年代，有很多异说，或以为作于周公归政成王的第二年，或以为春秋时鲁僖公（前659—前627在位）所作，未有定论。

公曰①："嗟②！人无哗③，听命！徂兹淮夷、徐戎并兴④。善敹乃甲胄⑤，敿乃干⑥，无敢不吊⑦！备乃弓矢，锻乃戈矛，砺乃锋刃，无敢不善！

【注释】

①公：鲁侯。具体不详。

②嗟：叹词。

③哗：喧哗。

④徂：语助词。兹：此。淮夷：古代少数民族，居住在今山东境内，自商代起陆续南迁，至西周大部分迁至今淮水流域。徐戎：淮夷中主要的一支，常以它代表淮夷，有时称"徐夷"，是我国古代东方较早的一个少数民族。

⑤敹（liáo）：缝缀（衣服等），今苏北等地区方言中沿用。甲：甲衣。胄（zhòu）：头盔。

⑥敿（jiǎo）：系结。干：盾牌。

⑦吊：善。指完成好。

【译文】

鲁公说："唉！大家不要喧哗了，听我的命令！现在淮夷、徐戎都起来叛乱了。赶快缝好你们的铠甲和头盔，系好你们的盾牌，不能不作好这些准备！准备好你们的弓箭，锻造好你们的戈矛，磨砺好你们兵器的刃口，不能不准备好！

"今惟淫舍牿牛马①，杜乃擭②，敜乃阱③，无敢伤牿④。牿之伤，汝则有常刑。马牛其风⑤，臣妾逋逃⑥，无敢越逐⑦。祇复之⑧，我商赉汝⑨。乃越逐不复，汝则有常刑。无敢寇攘⑩，逾垣墙、窃马牛、诱臣妾，汝则有常刑。

【注释】

①淫：大。牿（gù）：牛马的桎梏。

②杜：闭塞。攫（huò）：捕兽的工具。

③敜（niè）：堵塞。阱：陷阱。

④无敢伤牿：孔疏说："既言牛马在牿，遂以牿为牛马之名。下云'无敢伤牿'，谓伤牛马。牿之伤，谓牛马伤也。……今律文，施机攫作坑穽者杖一百，伤人之畜产者，偿所减价。"

⑤马牛其风：牛马乱跑走失。风，《史记·鲁周公世家》集解引郑玄说："风，走逸。"

⑥臣妾：军中的奴隶厮役，男曰臣，女曰妾。逋（bū）逃：逃亡。

⑦越逐：(不顾军纪)捕捉追赶。

⑧祇：敬。复：还。

⑨商赉（lài）：即赏赉。商，金文"赏"字的省借。

⑩寇攘：抢劫掠夺。

【译文】

"现在要把牛马从桎梏中释放出来，把捕兽机关关掉，填塞捕兽的陷阱，使不得伤害牛马。如果伤害了牛马，你们就要受到刑罚。如果牛马乱跑走失了，随军的男女厮役们跑掉了，你们不要脱离战阵、军队去追赶。如果有人得到了这些牛马和厮役奴隶，要恭敬地送还失主，我会给予赏赐。如果你们违纪去追赶，又不返还原主，你们就要受刑法处罚。不许抢劫掠夺，如果你们翻墙去盗窃牛马、诱逃厮役奴隶，你们就要受刑法处罚。

　　"甲戌，我惟征徐戎。峙乃糗粮①，无敢不逮②，汝则有大刑③。鲁人三郊三遂④，峙乃桢干⑤。甲戌，我惟筑⑥。无敢不供，汝则有无余刑，非杀⑦？鲁人三郊三遂，峙乃刍茭⑧，无敢不多⑨，汝则有大刑。"

【注释】

①峙：通"庤"，储备。糗（qiǔ）粮：干粮。糗，熬熟的米麦捣成粉。

②逮：及。

③大刑：死刑。

④三郊三遂：西周地方制度有郊、遂，城外称郊，郊外叫遂。《史记·鲁周公世家》集解引王肃说："不言四者，东郊留守，故言三也。"顾颉刚、刘起釪《尚书校释译论·文侯之命》考证较详，转录如下："《左传·定公四年》所说：'分鲁公以……殷民六族：条氏、徐氏、萧氏、索氏、长勺氏、尾勺氏，使帅其宗氏，辑其分族，将其类丑……因商奄之民，命以《伯禽》，而封于少皞之虚。'杜注：'少皞虚，曲阜也。'伯禽原封于今河南鲁山，就封曲

阜时率其原有部伍、宗族、依附之众前来，要驾驭分给他的殷民六族及原在曲阜的商奄之民（曲阜即奄），就全用严刑峻法高压方式以进行统治（由本篇就看得出纯用此方式），而六族中的徐氏联合其他原有淮夷之众公然反抗，伯禽运用周族新兴勇锐兵力（可能周公还要留下些东征劲旅给他）作为自己的主力，还强迫殷民六族中其他各族的作战力量跟随自己作战，余下的在鲁国境内（三郊三遂）的居民——即所谓鲁人，就必须担任峙备桢干刍茭等军兴需用作战物资及其紧迫的劳役等工作，这些无可逃避的战时紧急任务自然地由这些鲁国人民担负起来。”

⑤桢干：筑墙的工具。王先谦《尚书孔传参正》说："凡筑墙及城者，以绳束板置于两旁，更竖木于其端首，乃取土实其中而筑之，桢是其端首之木，故云在前，干则其两旁之板也。"

⑥筑：构筑攻敌的工事。

⑦汝则有无余刑，非杀：曾运乾《尚书正读》说："本意言非杀尚有余刑无？犹上下文汝则有大刑，特变文以取曲折耳。"其说是。

⑧刍（chú）茭（jiāo）：喂牛马的草料。

⑨无敢不多：《史记·鲁周公世家》作"无敢不及"，与上文"无敢不逮"句式相同，多亦及也。

【译文】

"甲戌这一天，我要征伐徐戎。大家要储备好干粮，没有谁敢达不到军兴的干粮标准的，否则就会判处死刑。鲁国各地居民，要准备好修筑营垒的器材工具。甲戌这天我们要构筑攻敌工事。如果谁胆敢不准备，除了死刑，还有别的刑罚吗？鲁国各地居民还得储备好喂养牛马的草料。如果谁胆敢储备得不充足，就得处死刑。"

秦　誓

　　鲁僖公三十三年（前627），秦穆公不听老臣劝阻，派遣孟明视、西乞术、白乙丙率师远袭郑国，回师至殽地半途被晋军伏击，全军覆没，三个统军将帅都被擒获（《左传》载其事甚详）。秦穆公极其追悔，对群臣讲了一篇自我责备的话。史臣录下，即为此篇。其中，秦穆公流露出悔过之心，强调军国大事要依靠老臣，而且要能宽容大度。

公曰：“嗟！我士①，听无哗。予誓告汝群言之首②。古人有言曰：‘民讫自若是多盘③，责人斯无难，惟受责俾如流④，是惟艰哉⑤！’我心之忧，日月逾迈⑥，若弗云来⑦。

【注释】

①我士：群臣、士卒。

②群言之首：言论的要义。

③民讫自若是多盘：《书经传说汇纂》引朱熹说：“只是说人情多要安逸之意。”引应镛说：“民，犹言天下之人也。凡人之情，孰不知善之可为，过之当改。然悠悠度日，多汩没于盘游安乐之中，岁月侵寻，忽不知其已老矣。‘盘’之为乐，以它篇观之，皆未有以为善者。若曰‘盘游无度’，‘不敢盘于游田’。‘若是’，犹如此也。人终自如此多为盘乐也。”讫，终。若是，如此。盘，游乐。

④受责俾如流：犹今云从谏如流。俾，使。

⑤艰：难。

⑥逾：越。迈：行。

⑦云：又作“员”，旋也。

【译文】

公说：“唉！我的群臣众士们，静下来，听我的话。我要向你们发表誓言，讲讲最重要的话。古人有这样一句话说：‘人总是贪图安逸，责备别人并不难，但要做到自己受责备还能从谏如流，这就很难了！’我很忧虑，往事随着时间飞逝，不再回来，懊悔也来不及了。

"惟古之谋人①，则曰未就予忌②；惟今之谋人，姑将以为亲③。虽则云然④，尚猷询兹黄发⑤，则罔所愆⑥。番番良士⑦，旅力既愆⑧，我尚有之⑨。仡仡勇夫⑩，射御不违⑪，我尚不欲。惟截截善谝言⑫，俾君子易辞⑬，我皇多有之⑭。

【注释】

①古：故，过去。谋人：谋臣。

②忌：王引之《经义述闻》说："《说文》引此忌作'惎'。《广雅》：'惎，意志也。'"

③姑：姑且。

④然：如此。

⑤尚：副词。猷：谋。询：咨询。黄发：老人发白复黄。此处隐指蹇叔等贤臣。殽之战前，蹇叔再三劝阻秦穆公不要劳师袭远，秦穆公不听，遂致战败，此其追悔之言。

⑥愆：过失。

⑦番番：白貌。多形容白发。番，通"皤（pó）"，老人发白。良士：善士。

⑧旅：通"膂"，体力。愆：过。这里指衰弱。

⑨有：通"友"，亲善，信任。

⑩仡仡（yì）：勇壮的样子。

⑪射：射箭。御：驾车。违：失。

⑫截截：又作"诐诐"，巧言。谝（pián）言：《说文》："便巧言也。"

⑬俾：使。易：轻忽。辞：当作"怠"，怠惰。又曾运乾《尚书正读》说："古音'辞'读如'怠'也。"

⑭皇：通"遑"，闲暇。

【译文】

"过去的谋臣，我认为不承顺着我的意志；现在的谋臣，承顺我意，我一时就亲信他们了。虽说如此，现在感觉军国大事还是应当去咨询德高望重的老臣的意见，才不会发生失误。因此对那些满头白发的老臣，虽然体衰力弱，我还是要信赖他们。对那些勇壮武夫，虽然射箭、驾车很熟练，我还不想任用。而那些谗言之徒，长于巧言，容易使在位良士迷惑怠惰，我更无暇去理会。

"昧昧我思之①，如有一介臣②，断断猗③，无他技④，其心休休焉⑤，其如有容。人之有技，若己有之；人之彦圣⑥，其心好之，不啻如自其口出⑦。是能容之，以保我子孙黎民，亦职有利哉⑧！人之有技，冒疾以恶之⑨；人之彦圣而违之⑩，俾不达。是不能容，以不能保我子孙黎民，亦曰殆哉⑪！

【注释】

①昧昧：默默深思之意。

②介：个。

③断断：蔡沈《书集传》说："诚一之貌。"猗：语助词。

④技：技能。

⑤休休：形容宽容，气魄大。

⑥彦：美士。圣：道德高尚。

⑦不啻：不只。自：从。

⑧职：一作"尚"，庶几。

⑨冒：通"媢"，忌。

⑩违：戾。

⑪殆：危。

【译文】

"我深思熟虑到，如果有一个大臣，忠贞专一却没有什么其他技能，他心胸宽广，善能容物。看到别人有技能，就像自己有一样高兴；别人有才华有品德，他心底里欢喜，不只是从嘴里赞誉而已。这样的宽容大度，是可以保护我子孙和黎民的，也能造福于他们啊！又有另外一种人，看到别人有才能，就妒忌和厌恶；对有才有德的人，就想方设法去扼杀他，使他无法成功。这样一个心地狭隘的人，是不能保住我的子孙黎民的，对他们也只有危害啊！

"邦之杌隉①，曰由一人。邦之荣怀②，亦尚一人之庆③。"

【注释】

①杌隉（wùniè）：不安。

②荣怀：光荣与安宁。

③尚：还是。

【译文】

"国家的危险不安，往往因为一个坏人。国家的繁荣安定，也往往由于一个贤臣的美善。"